HEARTSET

A REVOLUÇÃO DA LIDERANÇA COM O CORAÇÃO

POR PATRICIA MEIRELLES

CITADEL
Grupo Editorial

2025

Heartset: a revolução da liderança com o coração

1ª edição: Outubro 2025

Autora:
Patricia Meirelles

Coordenação editorial:
Editora Luz da Serra

Revisão:
Daniela Risson Zepelim Conteúdos Estratégicos

Capa:
Gisely Fernandes

Projeto gráfico e diagramação:
Patropi Comunica

Dados Internacionais de Catalogação na Publicação (CIP)

Meirelles, Patricia
Heartset: a revolução da liderança com o coração / Patricia Meirelles. – Porto Alegre: Citadel, 2025.
160 p. : il., color.

ISBN 978-65-5047-707-3

1. Liderança 2. Inteligência emocional 3. Emoções
I. Título

25-4496 CDD 658.4092

Angélica Ilacqua – Bibliotecária – CRB-8/7057

Luz da Serra Editora
loja@luzdaserra.com.br
www.luzdaserra.com.br

CITADEL Grupo Editorial
contato@citadel.com.br
www.citadel.com.br

SUMÁRIO

Mais do que um
novo mindset para
os negócios — é uma
revolução na forma
de viver e liderar.

@patriciameirelles

INTRODUÇÃO

O que meu Heartset diz sobre mim?

A vida nos desafia constantemente e, em algum momento, percebi que apenas inteligência e esforço não seriam suficientes para vencer esse jogo. Eu precisava de algo mais. Algo que não era ensinado nos livros de negócios e nem nas salas de reunião.

Quando mais jovem, eu acreditava que o sucesso dependia de me encaixar no mundo lá fora — seguir regras, atender expectativas, jogar conforme as normas do mercado. Só que, quanto mais eu tentava me ajustar, mais sentia que algo não se encaixava. O verdadeiro segredo não era adaptar-me ao mundo, mas me conectar comigo mesma. Essa conexão começaria a mudar tudo ao meu redor.

O mais curioso é que demorei anos para entender como tal percepção impactava minha vida profissional. Sempre fui empreendedora, apaixonada por desafios e inovação e, embora soubesse as regras do jogo corporativo, me perguntava: "Será que quero jogar desse jeito?"

Com o tempo, percebi que minha abordagem era diferente — não porque eu fosse especial, mas porque eu seguia um caminho menos óbvio. Enquanto muitos viam negócios como estratégia e números, eu sentia. Criava conexões autênticas, enxergava além das transações e intuía o que realmente movia as pessoas. Isso tornava tudo mais leve e fluído para mim e me diferenciava da maioria, que via as negociações como algo árduo e desgastante.

Quando me afastei do mundo corporativo tradicional, me dediquei a observar os líderes que eu realmente considerava admiráveis. Passei a analisar a personalidade daquelas pessoas que de fato faziam história, transcendendo resultados e construindo legado. O que esses indivíduos tinham em comum? Essa era a pergunta que me conduzia.

Comecei a entrevistá-los, a estudar suas jornadas e a conectar os pontos. Foi quando percebi que as ações e decisões que eles tomavam obedeciam a um padrão. E era algo que eu mesma segui, ao longo da vida, de forma intuitiva.

Mas não parei na simples observação. Era preciso ir além da minha experiência e das constatações empíricas. Então, busquei embasamento científico. Estudei os maiores pesquisadores sobre inteligência do coração — um órgão tão poderoso quanto o cérebro, que não apenas sente, mas comanda impulsos e decisões de maneira inimaginável para a maioria de nós. E então veio a grande sacada.

> Ao analisar os maiores líderes da história e da atualidade, notei um padrão inconfundível. Era um elemento observável em figuras como Jesus, Gandhi, Mandela, Michelle Obama, Oprah Winfrey, John Lennon e Malala. Acredite em mim. O que faz Cristiano Ronaldo atingir a excelência no futebol é a mesma força que moveu Madre Teresa de Calcutá.

Parece improvável? Leia as próximas páginas e conecte os pontos você mesmo.

Como disse Serena Williams, um dos maiores ícones do tênis mundial:

> ***Humildade, superação, dificuldades, quebra de barreiras: tudo pode nos incomodar ao longo do caminho, mas quando colocamos o coração no jogo, a força é maior.***

> Humildade, superação, dificuldades, quebra de barreiras: tudo pode nos incomodar ao longo do caminho, mas quando colocamos o coração no jogo, a força é maior.

Serena Williams

@patriciameirelles

Os grandes líderes do mundo não operam apenas com a mente. Eles colocam o corpo, a alma, a intuição e o coração em tudo o que fazem.

E quando falo em coração, não me refiro a um conceito romântico ou ingênuo, mas a um mecanismo poderoso, capaz de influenciar nossas decisões e direcionar nossa vida com mais clareza e propósito.

O verdadeiro sucesso não vem apenas da mente estratégica (MindSet), mas também do coração forte, resiliente e apaixonado pelo que faz (HeartSet).

> O HeartSet não tem a ver apenas com emoção. É um conceito sobre alinhamento. Trata-se de entender que, quando você conecta mente e coração, acessa um nível de inteligência que poucos exploram. E isso muda completamente o jogo.

Se você quer descobrir como os grandes líderes aplicam isso na prática e como pode trazer esse poder para a sua vida, este livro é para você.

Vamos juntos?

CHAVE 1

Posicionamento

Figura inspiradora do capítulo:
Madre Teresa de Calcutá

@patriciameirelles

A paz que tanto queremos no mundo é o resultado de pequenos esforços. E não adianta desejar a "paz mundial" não estando em paz com quem somos, com as pessoas do nosso convívio íntimo e com aqueles que trabalham diretamente conosco. Qualquer campanha pela paz que ignore o fato de sermos parte do todo está fadada ao fracasso.

> Há como criar um sistema ou uma corporação próspera e íntegra se o próprio líder não tem essas virtudes? O que desejamos mudar no mundo deveríamos observar, em primeiro lugar, dentro de nós. E esta é a atitude a ser adotada para tudo.

Não é preciso ir até a África para fazer trabalho voluntário se no seu dia a dia você não age como um ser humano. É na rotina que olhamos para as pessoas ao nosso redor. E um grande exemplo disso foi, sem dúvida, a personagem inspiradora dessa nossa primeira chave.

Conhecendo Madre Teresa de Calcutá

Uma mulher intuitiva, figura inspiradora, ganhadora do Nobel da Paz, que se posicionava sem agressividade diante das injustiças e que, ao dizer como se sentia, era ouvida.

Madre Teresa nos ensinou que se posicionar é exercitar a reflexão antes de julgar, é não esperar recursos para agir, é transformar a si para que outras pessoas sejam transformadas. Madre Teresa andava por Calcutá e buscava a beleza. Buscava algo em que pudesse se concentrar e ganhar forças para abençoar e ver mais beleza na vida.

O exemplo dela nos ensina que, se quando nos sentirmos machucados, dissermos para nós mesmos "estou machucado, mas abençoo essa informação", contribuímos para deixar a mágoa passar e ver ainda mais beleza à nossa frente. A grande lição é não focar na dor que fica ali escondida, incomodando.

Ou seja, qualquer comportamento nosso pode determinar o futuro, desde simples atos de gentileza com pessoas próximas até grandes feitos. Tudo passa pela atitude tomada, a partir de algo genuíno e transformador.

As chaves de Madre Teresa para o posicionamento

- Atividade constante de busca e se aprimorar dentro daquilo que se propõe a fazer;
- Obstinação na realização de projetos;
- Esforços direcionados para a resolução de problemas;
- Autocrítica e mudança;
- Trabalhar mais e falar menos. Entender que uma ação vale mais que mil palavras.;
- Amar quem nos enriquece espiritualmente;
- Descer do trono;
- Transpor o medo e exercer o amor;
- Ter a coragem de admitir publicamente quem somos.

Falas marcantes dessa figura inspiradora

> *Por vezes sentimos que aquilo que fazemos não é senão uma gota de água no mar. Mas o mar seria menor se faltasse uma gota.*

> *Não devemos permitir que alguém saia da nossa presença sem se sentir melhor e mais feliz.*

Não devemos permitir que alguém saia da nossa presença sem se sentir melhor e mais feliz.

Madre Teresa de Calcutá

@patriciameirelles

Vamos refletir um pouco mais sobre isso?

Assim que decidi escrever este livro, sabia que tinha encontrado uma chave que alguns líderes mundialmente famosos já tinham virado. Eu sabia de onde vinha a satisfação real do viver. Não era a mera recompensa financeira que fazia as pessoas alcançarem a almejada realização.

Com essa consciência, meu dia a dia era repleto de pequenas ações que me beneficiavam, mas eu também sabia claramente o que gerava vida ou destruição. Para se destacar, hoje, em qualquer mercado, não basta ter competência técnica. As habilidades emocionais, a inteligência espiritual recém-descoberta e a inteligência relacional são absolutamente necessárias.

Meu termômetro para saber se estou transformando de verdade a vida das pessoas são os comentários que leio, em minhas redes sociais, após a produção intensa de conteúdo. Muitas pessoas relatam que assistem meus vídeos para ter motivação ou ideias e isso me dá um ânimo ainda maior para continuar. Não por vaidade, mas por saber que estou contribuindo para a mudança na vida de alguém.

Aqui não me refiro apenas à bondade ou ao amor. Falo sobre estar atenta ao que me faz bem: natureza, pessoas e situações harmônicas, laços espirituais, palavras construtivas. Tudo isso sempre me beneficiou e gerou uma avalanche de energia positiva e próspera em minha vida.

À medida que comecei a incorporar à minha vida hábitos que traziam bem-estar, passei a discernir facilmente quando estava me afastando da minha essência. E, ao perceber este afastamento, sempre me muni de coragem para entender de que forma poderia retornar para "casa".

Sei que as nossas palavras, ações e atitudes podem ser inúteis, se não brotarem do fundo do coração. E saber disso é fundamental para entender como a força da palavra nos transporta para muitos lugares — não físicos — mas lugares na mente, que podem minar nossa autoconfiança.

Como comunicadora, sempre soube que a palavra é expressão do puro pensamento e isso me fazia ter ainda mais cuidado. Hoje, com mais de um milhão de pessoas lendo e sendo impactadas por tudo que reverbero nas redes sociais, procuro ao máximo me policiar na tentativa de entender como estou impactando o outro e o mundo com minhas palavras e ações.

> Isso não quer dizer que faço pregações ou algo do tipo.
> Pelo contrário. Palavras são vazias sem a energia correspondente.
> Entender isso é a base para o sucesso em todas as esferas da vida.

A Força do Verbo

A força do verbo, quando atrelada ao amor, é uma das maiores potências do ser humano que se dispõe a ser líder — não somente nas corporações, mas também de si. Compreender a si e entender a maneira como agimos e sentimos, criando coerência entre pensamento, sentimento e ação é a primeira coisa a que devemos estar atentos. Uma palavra dita na hora certa pode mudar tudo.

Você certamente já percebeu que a maioria de nós chega à idade adulta sem qualquer habilidade emocional para gerenciar conflitos de todas as espécies. As escolas nos preparam para entender álgebra e química, mas não nos tornam capazes de saber lidar com emoções como frustração, medo ou tristeza.

Eu já fui uma adolescente que ficava trancada no quarto, lendo para me sentir acolhida dentro dos meus anseios, por me achar incompreendida pelo mundo. Eu já fui a jovem adulta que se sentia atordoada com tantas ideias, mas via que o mecanismo por trás de certas ações era sombrio e não queria fazer parte dele.

Já fui uma mulher que percebeu que a maternidade é uma força poderosa, um dos momentos mais propícios para nos tornarmos o que somos de verdade. Já fui a entrevistadora que ficou observando se as palavras do entrevistado condiziam com o que ele aplicava na prática. Ou seja, já fui muitas coisas. E agora acolho estas faces de mim, aprendendo com cada um dos personagens que habitam a Patricia de hoje.

Não é fácil ser mãe, líder e empreendedora, tudo junto, e agir com coerência e bondade em todas as esferas da vida. Mas liderar pelo coração está acima de liderar com amor. Liderar com o coração nos enriquece porque passamos a ser exemplo para as pessoas seguirem em inspiração e não tocadas apenas por nossas palavras.

Durante muito tempo, eu dizia o que as pessoas "deveriam" fazer para mudar suas vidas. Até perceber que não podia ser assim. Cada um tem sua cartilha. E eu precisava seguir aquilo que acreditava. Embora muitos me perguntassem "como eu fazia" para seguir com todos meus papeis e crescer profissionalmente, eu entendia que só podia dizer isso mediante a ações.

Mas veio o momento em que notei que podia reunir tudo isso em um livro, compactando aquilo em que acredito de verdade. E a ideia não é criar um método, mas trazer a visão que construí em palavras simples, que todos compreendam.

A liderança pelo amor

Um líder pode ser amado, respeitado, ou temido, conforme forem suas ações. Quando ele é amado e respeitado, motiva por gestos e atitudes. E, no dia a dia, temos inúmeras oportunidades de proporcionar isso ao próximo, sem interferir no próprio bem-estar.

Cada sorriso, palavra amiga, energia que doamos, é parte de algo que cria uma poderosa corrente de energia a circundar todos nós. A vida nos ensina a viver o hoje e aproveitar ao máximo, desfrutando aquilo que pode beneficiar o maior número de pessoas. Criar relações éticas faz parte deste caminho.

E, ao refletir por tudo que passei ao longo da minha vida, entendi que muitas vezes criei inimizades por não confabular com atitudes antiéticas que efetivamente não poderiam ser toleradas. A construção de uma história se dá com as alianças que fazemos ou deixamos de fazer ao longo da caminhada.

> Posicionar-se diante de injustiças, dizer o que nos incomoda, é sempre algo que deveríamos experimentar no contexto do ambiente de trabalho. No momento que acordarmos para o fato de que fazer o bem ao outro é fazer a si, podemos rever nossas atitudes.

O começo do caminho do líder humano passa pela autocompreensão e pela disposição frente ao outro. Porém, a maioria das pessoas ignora isso e teme se relacionar, porque, desde o princípio de qualquer contato, pensa na vantagem que busca obter.

Quando era líder de um grupo de empresários, muitas vezes me via em situações com pessoas cujo ego era tão alto que as tornava incapazes de ouvir as outras. As interações eram sempre na base de "o que você pode oferecer para mim?", e não ao contrário. Desta forma, as lideranças centradas em si faziam um papel social em que buscavam sempre acordos vantajosos.

Por outro lado e felizmente, conforme o tempo foi passando, conheci líderes genuinamente humanos. E quando falo de humanidade, quero trazer um conceito importante a ser explorado: o amor. É difícil dizer esta palavra, no meio corporativo, sem parecer piegas. Pouca gente quer sentir algo quando se fala de negócios. O mundo do business é uma coisa na qual a roda parece girar para quem tem mais dinheiro ou acumula mais resultados.

O fato é que tive grandes oportunidades na vida que só foram possíveis porque eu colocava a sinceridade e a transparência em primeiro plano. O lado humano de querer bem ao outro, de entrar com corpo e alma nas relações comerciais, sem medo de "quebrar a cara", sabendo que é melhor ser vítima de um golpe do que aplicar um.

Pare e reflita!

Posicionar-se diante de injustiças, dizer o que nos incomoda, é sempre algo que deveríamos experimentar no contexto do ambiente de trabalho. No momento que acordarmos para o fato de que fazer o bem ao outro é fazer a si, podemos rever nossas atitudes.

Foque em inspirar

Hoje vemos polarizações em todos os níveis. As pessoas confundem posicionamento com "gritar" para terem sua voz ouvida, sem perceberem que a inteligência está justamente em ser, servir, questionar, dizer e inspirar.

Esta é a liderança que se posiciona sem precisar gritar.

De fato, muito se lucra com as disputas e os conflitos. No entanto, a rota para o coração é justamente refletir e atuar de maneira sensata nos ambientes em que circulamos. Posicionamento é ser quem somos, independente do julgamento que vem de fora, conseguir seguir em frente sem precisar de aprovações externas, por mais que nossa maneira de agir desagrade.

Um líder é visto e lembrado por suas atitudes. São palavras que ficam, além de sua presença. E quando a inteligência do coração atua, como um mecanismo que intercepta as ideias do pensamento e coloca sentimento na ação, conseguimos ser íntegros.

Me refiro a um estado em que pensar, sentir e agir estão em alinhamento e sintonia. Ou seja, não somos frios e racionais demais, nem agimos como seres destrambelhados, apenas com o sentimento. É um processo em que integramos as partes mais nobres e eficazes do nosso ser e entendemos que a vida se ajusta ao nosso redor. Desta forma, ativamos nossa inteligência espiritual.

E conforme desenvolvemos a inteligência espiritual, conseguimos solucionar problemas com mais facilidade, pautados em valores éticos e crenças que norteiam nossas ações.

A física americana Danah Zohar, autora do livro "O Ser Quântico"[2], diz que a inteligência espiritual aumenta nossos horizontes e disso não tenho dúvida. Muitos chamam essa inteligência de "ponto de Deus" e ela acredita que, quando colocamos nossos atos e experiências num contexto mais amplo de sentido e valor, conseguimos criar uma vida com mais sentido.

Há pesquisas científicas que também atestam a existência de uma área, em nossos lobos temporais, que nos faz buscar um significado e valor para a vida. Ou seja, enquanto um tipo de organização neural nos permite realizar um pensamento racional e lógico, outro se encarrega do pensamento associativo — o qual é o quociente emocional. Já o terceiro quoci-

---

[2]ZOHAR, Danah . O ser quântico: uma visão revolucionária da natureza humana e da consciência baseada na nova física. 0. ed. Santana de Parnaíba: Best Seller, 1990.

ente, o espiritual, seria capaz de nos trazer insights.

Quando estamos conectados a esta inteligência, tomamos decisões direcionadas com a alma integrada ao coração. O mercado corporativo percebeu isso só agora, porém, o número de profissionais com a saúde física, mental e emocional destruídas é grande. Foi assim que a espiritualidade chegou nos negócios e levou um sentido maior e mais profundo às coisas. Danah diz que:

> “ ***Nós não sabemos mais o que é realmente a vida. Não sabemos qual é o jogo que jogamos, nem quais são as regras. Falta-nos um sentido profundo de objetivos e valores fundamentais. Essa crise de significado é a causa principal de estresse na vida moderna.***

Precisamos, portanto, de uma conexão maior, confiando na inteligência superior e no discernimento trazido pelo nosso quociente espiritual. E para exercitar o quociente espiritual, nada melhor que o amor.

Seja fonte de amor

As experiências estão aí, ao nosso dispor. Podemos, dia após dia, criar novos momentos e recriar aquilo que nos traz bem-estar. Quimicamente, sabemos o que nos faz sentir bem. E, se dispararmos essa produção hormonal conscientemente, podemos trazer uma vida com experiências repletas de amor.

Compartilhe amor. Seja quem multiplica, oferece, se doa. Sorria generosamente, sem esperar essa atitude do outro. Abrace, ao invés de aguardar um abraço. Não seja mesquinho com o amor. Não seja reativo, nem espere que os outros te amem. Ame. Tenha amor próprio e por quem está ao seu redor. Ame sem distinções, e, inevitavelmente, você será uma fonte de amor que proporciona o melhor para si e para os outros.

Amar é soltar as correntes e abençoar os sentimentos e pensamentos, permitindo que venham e possam ir embora, sem repressão, reconhecendo-os e aceitando-os. Dessa forma, ficamos livres dos sentimentos que não reconhecemos, mas estão presos em nós. E isso potencializa a nossa força, alinhando mente e coração.

Aplicando o amor

- Tenha interação de qualidade com as pessoas que ama;
- Ofereça amor a alguém, seja em um asilo de idosos, ou orfanato;
- Muitas pessoas precisam do seu amor, retroalimente-o.

O amor é benéfico, tanto para quem oferece, quanto para quem recebe.

CHAVE 2

Disciplina

Figura inspiradora do capítulo:

Ayrton Senna

@patriciameirelles

Em minha vida profissional e pessoal eu já ouvi muitos nãos. Tive portas fechadas, vi oportunidades se desfazendo. Fui julgada e me calei. Isso tudo porque eu sabia que a melhor resposta era fazer com que minha vida seguisse em frente.

O fato é que a resiliência ganhou espaço na minha vida quando entendi que nem sempre, quando estamos obstinados e agindo com o coração para alcançar uma oportunidade, ela está madura para ser vivida.

Muitas vezes nem estamos maduros o suficiente para abraçar as oportunidades e sequer conseguimos perceber as variáveis do processo. Mas o crescimento acompanha a evolução e a sabedoria. E a resiliência é quase um prêmio que nos deixa com paz de espírito, quando entendemos o jogo da vida.

Quando sabe que resiliência pode ser o diferencial no jogo, um líder inspira muita gente. Se essa figura for mundialmente conhecida, o futuro muda. E assim foi com Ayrton Senna, nossa grande inspiração para a segunda chave deste livro.

Conhecendo Ayrton Senna

Quando conheci Viviane Senna, eu sabia dos feitos do irmão dela, mas ainda não compreendia o tamanho do legado que ele deixara para a sociedade. Ela, até hoje, administra o instituto que traz o nome dele. E os valores que ela carrega no peito ainda são reflexo de lições que só um grande líder poderia ter deixado.

Já no primeiro contato, era perceptível que Viviane seguia os passos do DNA matriz. Tanto que, até para escrever o prefácio do meu livro, ela entendeu que precisaria ler toda a obra e criar algo conectado com o que eu dizia, mesmo sabendo que eu era membro do Conselho Diretivo.

Se você nunca teve a oportunidade de ver Senna dando uma entrevista, ou subindo ao pódio, não sabe o que é celebrar. Ele carregava o coração em tudo que fazia, com paixão, garra e obstinação. Isso fez com que se tornasse um homem à frente do seu tempo. Competitivo, ele dizia que o seu diferencial era estar no lugar certo e na hora certa.

O respeito que Senna ensinou as pessoas a conquistarem ia além das palavras. Ele tirava o melhor de cada mecânico, porque, em cada projeto, doava tudo de si, entregando 100%. Era extremamente disciplinado.

E por que se tornou o melhor em correr na chuva? Porque sabendo não performar bem nessa condição climática, treinava ainda mais na chuva. Era exatamente quando as pessoas não estavam na pista que ele treinava. Era um sujeito constante, disciplinado, que nunca desistia e, na prática, saía da zona de conforto, entendendo o significado de resiliência como ninguém.

Aprendi com o Senna que treino deve ser algo constante, seja em pistas molhadas, ou nas melhores condições. Saber lidar com as condições adversas, nos torna mais aptos a enfrentar qualquer situação. Afinal, nunca sabemos o que a vida vai nos apresentar.

Sabendo disso, Senna também fez de analisar cenários e estar preparado para eles outro grande ponto forte. Isso apesar de sempre afirmar que, a qualquer momento, tudo poderia mudar. Uma consciência que prova o quanto um dos pi-lotos mais famosos do mundo estava preparado para a vida.

Conduzir equipes é saber que tempos ruins virão. Todos os cenários podem ser desafiadores. E o espírito contagiante de Senna deixava todos ao seu redor motivados. Era a qualidade mais inspiradora de Ayrton. E isso, além de uma baita inteligência do coração, é uma grande lição para qualquer líder. Um executivo que não sabe como coordenar as áreas de uma empresa não atinge grandes resultados.

As chaves de Ayrton Senna para a disciplina

- Dar o melhor de si e agradecer o resultado, seja ele qual for;
- Entender que tudo pode ser construído ao longo do tempo;
- Respirar fundo na derrota e não abaixar a cabeça;
- Treinar após perder;
- Treinar e acreditar, mesmo num dia ruim;
- Se engajar em todos os processos e esperar o resultado;
- Ter uma energia contagiante e saber que cada um tem seu tempo;
- Fazer o seu melhor e entender que a vida traz a resposta;
- Ter disciplina todos os dias.

Falas marcantes dessa figura inspiradora

A respeito de empenho, compromisso, esforço e dedicação, Ayrton Senna afirmava que não existe meio-termo. Ou você faz uma coisa bem-feita, ou não faz. Isso porque o rastro de Senna tem a ver com sucesso e credibilidade. Como ele sempre dizia:

> ***Não importa o carro que você vai pilotar, ou a empresa em que trabalha. Ao vestir uma camisa, você assume um compromisso.***

Ele também dizia:

> ***Se você não estiver feliz, é preciso ser forte para mudar, resistir à tentação do retorno. O fraco não vai a lugar nenhum.***

"No que diz respeito ao empenho, ao compromisso, ao esforço, à dedicação, não existe meio termo. Ou você faz uma coisa bem feita ou não faz"

Ayrton Senna

@patriciameirelles

> Resiliência é saber onde se quer chegar e encarar todos os desafios que chegam até nós.

Outro líder inspirador

A história de Jack Ma, fundador da gigante AliExpress e considerado o homem mais rico da China, também conta muito sobre resiliência e disciplina. Certa vez, ele estava concorrendo a uma vaga para ser fritador de frango no KFC, um restaurante de fast-food.

Era como se o emprego estivesse garantido, já que seriam necessários vinte e três profissionais e havia apenas vinte e quatro candidatos. Apesar de a chance de conseguir o emprego ser enorme, o que ocorreu foi que Jack Ma não conseguiu a vaga, sendo o único a ficar de fora.

E não foi a única rejeição que ele contabilizou. Foram várias tentativas frustradas de entrar em Harvard. No entanto, o executivo afirma que foram justamente essas diversas rejeições que potencializaram sua determinação para o sucesso. Foi um caminho de construção de resiliência, para ele um dos grandes ingredientes no caminho das pessoas bem-sucedidas.

Um pensamento que levou, Jack, mesmo tendo levado seis anos para completar o ensino fundamental e estudado numa universidade mediana, a fundar uma empresa dentro do próprio apartamento, em 1999, e mais tarde acumular uma fortuna pessoal avaliada em 46 bilhões de dólares. Tudo começou quando, depois de muitas frustrações, ele conheceu a internet, durante uma viagem para os Estados Unidos, em 1995.

Em uma de suas primeiras experiências usando a web, ele procurou a palavra cerveja e não encontrou nenhum resultado vindo da China. Percebendo essa lacuna, criou a primeira empresa, com o propósito de desenvolver sites para que companhias locais conseguissem vender produtos online para o exterior.

Logo depois disso, Jack Ma criou um site com a ideia de conectar vendedores e clientes em um comércio global, sem fronteiras, que atendesse bem a médios e pequenos empresários. Nesse período, os investidores não acreditaram no projeto e ele buscou financiamento próprio.

Na busca por investidores, ouviu muitos "nãos", mas também recebeu investimentos de milionários, como o cofundador do Yahoo, Jerry Yang. Hoje, o cara que recebeu dez nãos de Harvard, um não para ser fritador do KFC e demorou tantos anos para concluir os estudos, conta com uma cadeia de empreendimentos que vale bilhões.

O que ele tem de diferente? Sabe lidar com a rejeição, trabalhar aquela derrota e voltar a tentar. A perseverança de Jack, mesmo diante de adversidades constantes, faz dele uma pessoa resiliente, que não desiste.

Sem meio-termo

No pôquer, há uma expressão denominada all in, quando todas as suas fichas são colocadas em um pote. Sempre fui um pouco assim. Quando via uma oportunidade, sabia que não podia deixar passar.

E ao longo da minha carreira, percebi que essa característica tinha a ver com empreendedorismo. Quem joga tudo e arrisca, sem medo, também precisa ter resiliência para saber perder e jogo de cintura para levantar-se e começar de novo, se isso acontecer. Um líder pautado nessa premissa, sabe que essa atitude é básica.

E lembre-se. Não adianta cobrar colaboração quando você não faz a sua parte no combinado. Ser líder é inspirar. É estar a frente e mostrar, com determinação e paciência, aquilo que deve ser feito. É, por meio das palavras, conduzir as pessoas que ainda não estão engajadas no time.

Liderança exige comprometimento. Para fazer bem-feito é preciso estar entregue de corpo e alma. Desta forma, se cria um ciclo virtuoso onde, além de inspirar quem está ao redor, você mantém as pessoas motivadas a darem seu melhor.

Ser melhor é algo que sempre devemos buscar. Sua curva de aprendizado nunca deve estar reta. Busque novos desafios, o tempo todo, profissionalmente e como pessoa.

O mundo físico — como conhecemos — é composto por dois campos de energia: o elétrico e o magnético. E poucos sabem, mas, em comparação com o cérebro, o coração é cerca de cem vezes mais forte eletricamente e até 5 mil vezes mais forte magneticamente.

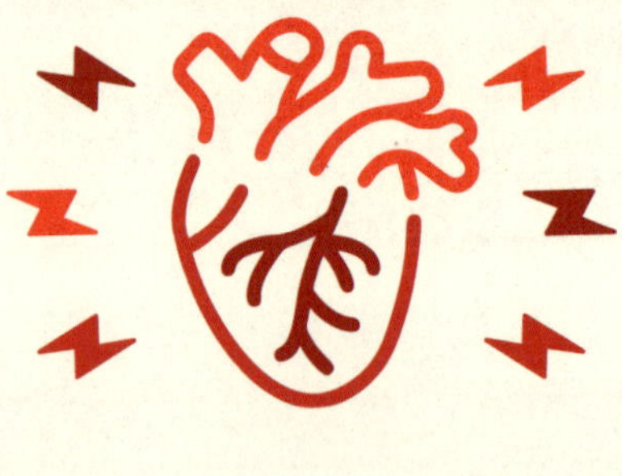

Todos temos essa força interna, mas poucos a desenvolvem verdadeiramente. É o que alguns chamam de estrela, brilho — algo que faz transparecer que a pessoa está em outra frequência, vibrando em outra intensidade.

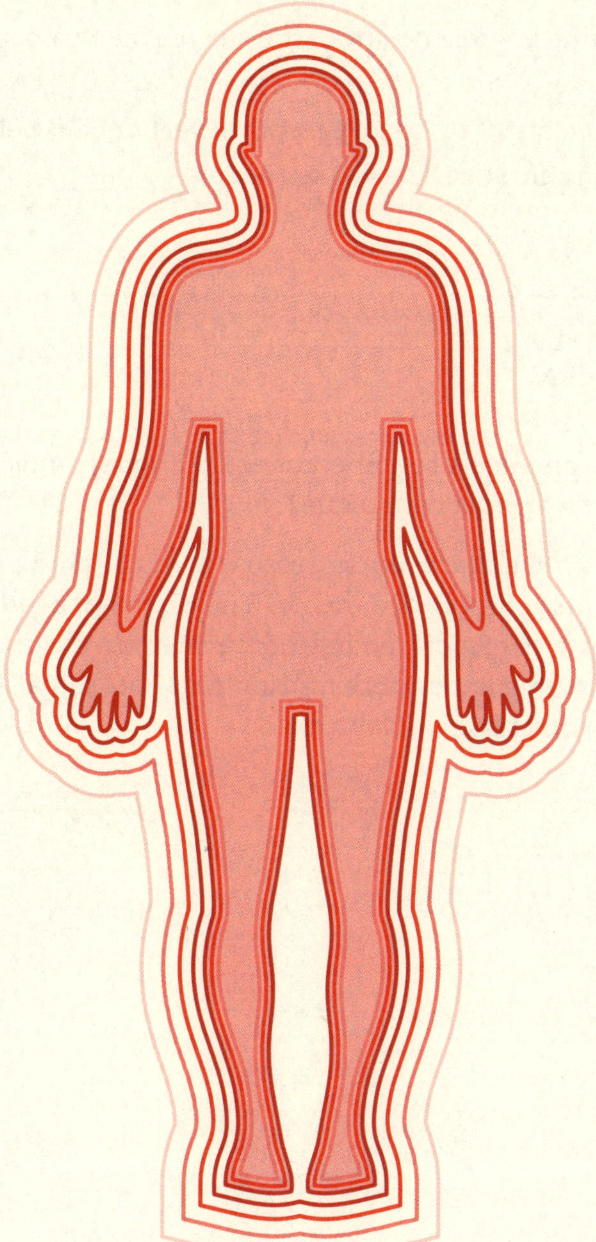

O porém é que, com tanta tecnologia à nossa volta, acabamos nos afastando desse GPS interno, que é uma espécie de sabedoria do coração. Isso quer dizer que haverá mais espaço para quem souber acessar essa inteligência. É fato que as pessoas começarão a se diferenciar por esse aspecto humano.

Então, transborde energia positiva. Crie sua realidade a partir da energia que emana. Sinta, pense e vibre com a mesma força. Você é responsável pela energia que distribui. Logo, é responsável também pelos resultados que acontecem com você. Esse é o seu poder.

Pare e reflita!

Seus pensamentos e sentimentos estão impregnando o campo de energia com o quê?

Você pode até tentar fazer as pessoas acreditarem no que você diz, mas energia não mente. E nosso maior aliado, para agregar essa percepção ao que comunicamos, é o coração. Ele é como uma antena que transmite e emite força. E é essa força que pode mudar tudo.

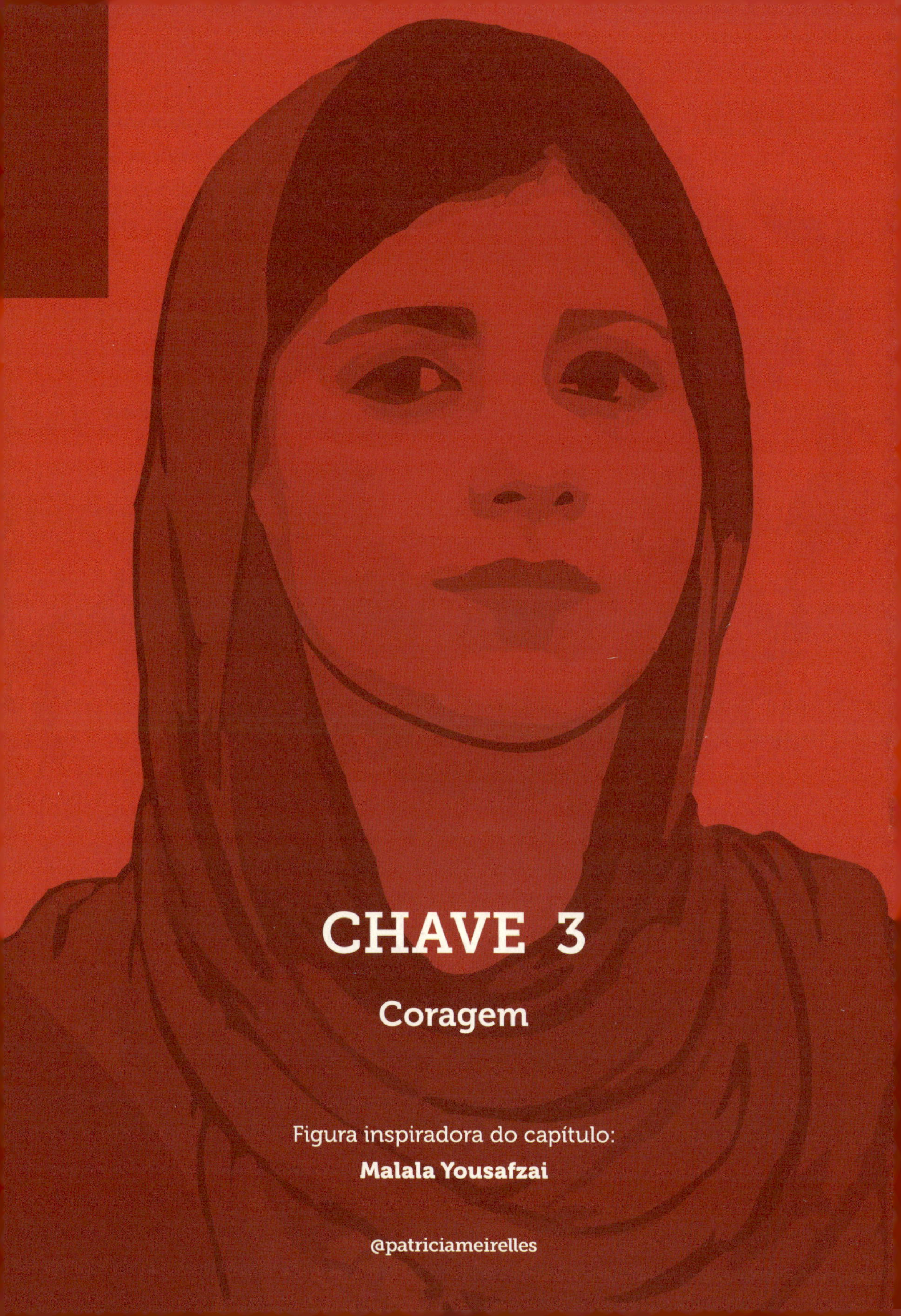

CHAVE 3

Coragem

Figura inspiradora do capítulo:

Malala Yousafzai

@patriciameirelles

Sabemos que o verdadeiro líder não é aquele que tem um bom discurso, mas alguém que inspira a partir de suas ações. Nessa busca por sempre trazer boas referências aos meus filhos, percebo que, quando pratico o autocuidado, sou generosa, atuo com justiça e falo com as pessoas da melhor maneira possível, transmito mais do que uma lição. Estou trazendo um exemplo para quatro futuros cidadãos.

Embora meus filhos ainda sejam crianças, sei que o meu repertório pode transformá-las, tanto quanto a educação formal na escola. E foi com esse olhar que, um dia desses, enquanto eu lia a história da Malala, meus olhos se encheram de lágrimas.

Conhecendo Malala Yousafzai

A mais jovem vencedora do Prêmio Nobel da Paz — símbolo da luta pelo direito à educação das meninas — se tornou conhecida quando foi baleada ao entrar num ônibus escolar, já que o regime talibã impedia meninas de irem à escola.

Era uma condição que Malala se dispôs a mudar. Ela queria ser livre, queria estudar. Mas era preciso desafiar um sistema complexo, com coragem e sabedoria para agir. Leitora voraz, a menina confiava em seu pai, que dizia:

> “*Você será livre como um pássaro.*

E enquanto seu pai dizia que protegeria sua liberdade e a orientava a continuar sonhando, ela tinha forças para ir adiante. Certo dia, Malala viu uma criança vendendo laranjas e fazendo marquinhas num pedaço de papel para registrar cada fruta vendida, já que não sabia ler ou escrever.

Foi o momento em que sua coragem despontou. Malala decidiu fazer o que estivesse a seu alcance para ajudar garotas como ela a terem acesso à educação. Mesmo com medo, continuou estudando e dizia constantemente que o medo não a travava.

E assim foi até mesmo no dia em que Malala entrou para a história, quando foi atingida por uma bala. A menina entrava no ônibus escolar e um homem a atingiu, fazendo com que ela perdesse a audição, seu cérebro inchasse e seus nervos do lado esquerdo fossem cortados.

Desde então, seu papel como líder tornou-se uma unanimidade. O desejo de colaborar com a educação e outras crianças fez com que a menina não se calasse diante daquele fato. Ela foi impulsionada a falar para o mundo todo sua história, reivindicando o direito das meninas ao estudo.

É, sem dúvida, emocionante ver uma menina que muda o mundo simplesmente pelo desejo de ir para a escola. Principalmente porque a luta dela não tem armas ou violência. Nas prateleiras de sua sala, há prêmios do mundo inteiro — Estados Unidos, Índia, França, Espanha, Itália, Áustria, e muitos outros lugares - e quando discursou na ONU, Malala impactou o mundo e ganhou fãs como Madonna, Barack Obama, Hillary Clinton, Laura Welch Bush e Selena Gomez, ao dizer a seguinte frase:

> ***Vamos pegar nossos livros e canetas. Eles são nossas armas mais poderosas. Uma criança, um professor, uma caneta e um livro podem mudar o mundo. A educação é a única solução.***

As chaves de Malala Yousafzai para a coragem

- Lutar com palavras;
- Saber o que deseja;
- Contar com o apoio dos pais;
- Acreditar que é possível transformar algo;
- Permanecer sem vaidade, mesmo quando se é aplaudido;
- Falar exaustivamente sobre o propósito;
- Entender que o medo fará parte do seu caminho;
- Agir com amor, mesmo sabendo do ódio preexistente em qualquer lugar;
- Buscar ajuda de pessoas que apoiam seu projeto de vida;
- Não desistir de sua visão;
- Liderar pelo exemplo e abrir portas para quem não tem
- armas para lutar.

Falas marcantes dessa figura inspiradora

> *Nasci menina num lugar onde rifles são disparados em comemoração a um filho, ao passo que as filhas são escondidas atrás de cortinas, sendo seu papel na vida apenas fazer comida e procriar.*

> *Depois daquele segundo, milhões de pessoas rezaram por mim, por minha vida, e médicos talentosos me deram meu próprio corpo de volta. Eu era uma boa menina. Meu coração tinha apenas o desejo de ajudar as pessoas. Não fiz nada visando receber prêmios ou dinheiro. Sempre rezei a Deus: "Quero ajudar as pessoas. Por favor, me ajude a fazer isso.*

> “ *Quando ganhava prêmios pelo meu trabalho na escola, eu ficava feliz, pois trabalhava duro para merecê-los. Mas esses outros prêmios são diferentes. Sou grata por eles, mas só me lembram o quanto ainda falta fazer para atingir a meta de educação para todo o menino e toda a menina. Não quero ser lembrada como "a menina baleada pelo Talibã", mas como "a menina que lutou pela educação". Esta é a causa para a qual estou dedicando minha vida.*

Tenha clareza do que está buscando

Muitos líderes são extremamente corajosos, mas não sabem onde querem chegar. E o exemplo de Malala nos mostra que não basta confiança, coragem e pessoas impulsionando sua trajetória. O que identifico como chave para agir com o coração é justamente a coragem aliada à segurança de saber qual é a sua verdadeira meta.

Algumas pessoas agem para serem lembradas, aplaudidas, e não estão verdadeiramente comprometidas com um propósito. No caso de Malala, existe o verdadeiro desejo de ajudar as meninas do mundo todo a terem acesso à educação.

Como mulher e mãe de meninas, vejo esse gesto como uma coragem absolutamente transformadora. Ao contrário de muitas mulheres que vivem no Ocidente e têm acesso a tudo, as meninas que vivem em locais onde ainda existe essa proibição para estudar, encontram em grandes líderes, como Malala, a inspiração para transformar a própria vida. Isso muda uma geração, criando condições para outras pessoas terem acesso a algo básico como a educação.

Um líder deve observar pessoas com destaque entendendo que elas trazem grandes transformações, por romperem com padrões preestabelecidos. E isso exige uma grande ousadia, firmeza de propósito e convicção de onde se quer chegar.

Para nós, mulheres, o desafio é ainda maior. Muitas vezes notei o olhar preconceituoso de algumas pessoas, como se não pudéssemos ocupar espaço no mundo dos negócios. Percebi que alguns até me julgavam, como se minha capacidade estivesse limitada a alguém que patrocinasse os próprios contatos.

A verdade é uma só. Eu me apropriei das aptidões femininas que tenho e são importantes para lidar com negócios, de forma diferente dos homens. E talvez quando comecei a entender que agir com o coração é mais fácil

para as mulheres, comecei a ter ainda mais sucesso na minha vida profissional.

Acredito que para tudo existe um equilíbrio. Já me dediquei intensamente ao trabalho, hoje tenho quatro filhos e percebo que posso me dedicar mais a eles e a mim, dando um tempo do excesso de eventos e percebendo o que é prioridade e mais importante no momento.

CHAVE 4

O poder de um sonho

Figura inspiradora do capítulo:

Geraldo Rufino

@patriciameirelles

A o longo da minha trajetória como empreendedora, conheci muitos líderes humanos que se dedicavam incansavelmente às suas equipes e negócios. Se antes a liderança era algo associado a controle, esse paradigma mudou e, como diz o famoso filósofo Aristóteles, "não se faz nada sem coragem".

E liderar com o coração é um pouco disso: uma dose de extrema coragem diante de tudo. Por isso, nos líderes que causam grandes impactos, é comum percebermos condutas diferenciadas.

Com o Geraldo Rufino foi assim. Houve uma conexão instantânea e notei que ele não era apenas um caso de superação. Falamos de um homem que levanta multidões com seus discurso e inspiração. Por quê? Ele conhece o poder de um sonho.

Conhecendo Geraldo Rufino

É uma força que Rufino manifesta desde a infância. Aos sete anos, ele perdeu a mãe. Como era muito jovem, abandonou a escola e, aos 13, anos foi trabalhar num parque de diversões, como office boy.

Era um menino ajuizado e foi juntando dinheiro até comprar um Fusca. Depois, trocou por uma Kombi e assim ajudou o irmão a prestar serviço para uma transportadora.

Foi quando decidiu adquirir um caminhão, para transportar adubo. Tudo ia bem, até que seu caminhão, por causa de um acidente, se tornou inútil. Como não tinha condições de reparar o veículo, desmontou o caminhão e vendeu as peças.

Esperto desde sempre, viu ali uma oportunidade, percebendo que desmontar caminhões podia ser um bom negócio. Assim, começou a trabalhar com o desmanche e, de parceria em parceria, foi crescendo.

Sempre que nos encontramos, percebo o poder da sua positividade.

A empatia com que trata os colaboradores, as oportunidades que dá a todos, a maneira como transforma as pessoas, sendo um exemplo de humildade, dedicação e bondade. Geraldo Rufino conhece como poucos o potencial de um belo elogio que, literalmente, vale ouro. Algo que a maioria dos líderes negligencia.

Você sabia que uma pesquisa feita pela Harvard Business Review chegou a conclusão de que o elogio pode ser a principal fonte de motivação de um colaborador? Portanto, se você tem uma empresa ou lidera uma equipe, deve saber que: só quando elogia, tem funcionários engajados que fazem esforços extras e se envolvem nas atividades.

Isso gera "reforço positivo", um conceito sobre o qual você já deve ter ouvido falar. É uma estratégia que os neurologistas afirmam liberar dopamina no cérebro — o que é um elemento bem poderoso.

Com sorriso no rosto e poder de ação, Rufino tornou-se um case de sucesso. É um líder que só destaca os pontos positivos das pessoas, o tempo todo, sabendo do benefício que isso pode proporcionar.

Ele costuma citar a própria mãe como grande referência; alguém que o empoderou e incentivou a acreditar em si. Mas também é perceptível sua habilidade em aprender com grandes líderes.

Assim como o líder Martin Luther King, sempre diz, em suas palestras, que devemos ser gratos para liderar. É preciso agradecer pelas próprias conquistas, pela equipe, pelas pessoas que nos cercam, pelas oportunidades que surgem.

Com força e vitalidade inabaláveis, Geraldo Rufino tornou-se um ícone motivacional durante a pandemia. Ia diariamente na empresa, para demonstrar que a força do trabalho moveria tudo. Uma atitude baseada no entendimento de que o momento de caos exigia uma nova forma de liderar, pautada pela tranquilidade.

Em cada uma de nossas conversas, sinto que minhas certezas são incertas. Ele traz questionamentos que me transformam, com seu olhar humano e assertivo.

As chaves de Geraldo Rufino para ativar o poder de um sonho

- A melhor propaganda sempre será o que disserem de você;
- Seja como você quer ver o mundo;
- Pense, diga e faça o mesmo;
- Vibre positivo e conquiste simpatia;
- Se ficar muito mal, reconheça o que te levou até lá;
- A forma como você tratar as pessoas diz quem você é;
- Faça com os outros o que gostaria que fizessem com você;
- Viva o hoje como o maior presente que tem e dê o seu melhor todos os dias;
- Use o pensamento a seu favor,
- Não existem momentos perfeitos. Aja!

Falas marcantes dessa figura inspiradora

> ***Só encontra oportunidades quem pode sonhar.***

> ***Ser pobre não é um problema e ser negro é um privilégio, dizia sua mãe.***

> Só encontra oportunidades quem pode sonhar.

Geraldo Rufino

@patriciameirelles

Para liderar pelo coração, é preciso ser grato

A gratidão tira as pessoas do limbo e as leva para a felicidade. A tristeza não combina com nos sentimos gratos. Se você estiver numa situação difícil, procure algo para agradecer e verá sua vida mudar.

> A gratidão transforma porque é a ponte entre os sentimentos negativos e o controle da força do amor. É um antídoto para a tristeza.

Hoje tenho certeza de que gratidão é a única prática que nos ajuda na conexão com uma energia superior. Se fazemos diariamente a lista de onde queremos chegar e das coisas pelas quais somos gratos, focamos no que temos e não no que falta, acessando uma sintonia de nível superior.

Não por acaso, as mais importantes religiões do mundo, como o judaísmo, o cristianismo, o islamismo e o hinduísmo, giram em torno da gratidão. A física quântica é outra área que conhece o poder dessa sensação.

Pessoalmente, conheci dezenas de pessoas em situações difíceis que mudaram suas vidas através da gratidão. São histórias de verdadeiros milagres que aconteceram quando parecia não haver mais esperança e pessoas mudando seus status de vida por estarem gratas.

Geraldo Rufino é alguém que sabe muito bem aplicar esse conceito nos negócios e no seu perfil de liderança. Ele entendeu e acredita que, sendo grato, pode promover o melhor para quem o cerca e levar propósito às pessoas, potencializando a melhor versão de cada um.

Pare e reflita!

- Toda vez que agradecemos, irradiamos amor, a mais alta frequência que podemos emitir;
- Quando irradiamos amor, recebemos de volta. Da mesma forma, sempre que agradecemos por algo, estamos celebrando um acontecimento;
- A gratidão é a grande multiplicadora, porque, quando somos gratos pelas pequenas coisas, recebemos mais daquilo. Se somos gratos pelo dinheiro, recebemos mais dinheiro, se somos gratos pelo relacionamento, ele melhora;
- O Mestre Eckhart, um filósofo e teólogo, diz que se a única prece que disséssemos durante toda a vida fosse "obrigada", isso já seria suficiente.

Sobre pessoas e empresas com essência

Em determinado momento da minha vida me afastei de pessoas cuja energia não ressoava com a minha. Eu entendi que deveria estar ao lado de quem tinha humanidade e sabia demonstrar vulnerabilidade.

Foi uma fase em que me dei conta de que nossa vida se tornou um palco para se distanciar da essência. Então, me cerquei de pessoas com esse DNA de acolhimento, para me reencontrar. Nesse caminho, também entendi que o poder do sonho é algo que nos transforma. E isso vale para líderes e liderados.

Numa época em que pessoas apresentam quadros de burnout, depressão, exaustão emocional e falta de sentido, é importante saber que tipo de empresas vamos apoiar, divulgar, fazer parcerias ou ter qualquer relação de trabalho.

> Qualquer empresa é reflexo de seu líder. Se o líder não é equilibrado, ponderado, traz uma cultura de medo e pouco humanizada, ele desestrutura um sistema.

Bem como é perceptível a desestabilidade emocional que vem adoecendo as pessoas, vivemos tempos em que o vazio espiritual se tornou comum. Nesse cenário, líderes como o Rufino se destacam pela coragem de mostrar suas crenças, valores e despertar o melhor dos outros.

Dizem que amor, cuidado e intuição são características predominantemente femininas, mas o líder do futuro deve buscar tais qualidades. Só desta forma consegue continuar, independentemente dos fatores externos que tentam nublar os pensamentos, sentimentos e nos distanciar dos sonhos.

Guerras, pandemia, inflação. Existem fatores que desestabilizam tudo e tornam as coisas mais difíceis lá fora. Por isso, devemos fortalecer ainda mais nosso interior, acreditando na força dos sonhos para podermos realizá-los.

Nosso caminho evolutivo passa pelo contato com o coração, que traz a razão que precisamos para seguir em frente. Neste caminho de equilíbrio, onde conciliamos firmeza e amor, sabemos que a humanização das relações é a única coisa que nos salvará.

Como diz o especialista em marketing Rod Nichols: "se tratarmos os clientes da mesma maneira que eles nos tratam, fecharemos 25% dos contatos. Mas se nos aproximarmos verdadeiramente dos clientes, podemos fechar 100% deles".

Os maiores players mundiais de recrutamento dizem isso: "negócios são feitos entre pessoas. Não entre empresas."

Para termos sucesso sustentável, é necessário olhar para cada ser como um indivíduo, sem massificar todos os "contatos". A personalização é a garantia do sucesso.

> A liderança fria já acabou. Hoje precisa haver construção de engajamento. São os tempos da liderança pelo coração.

Você está na rota dos seus sonhos?

Muitas pessoas não respeitam mais a si e acabam se enquadrando em padrões para dar conta de tudo. Todo mundo "tem que" ser mais produtivo, "tem que" se submeter a uma vida que não corresponde a nenhuma lógica. E ninguém se dá conta de que romper com tudo isso é o grande grito de liberdade.

Para enquadrar ao que a sociedade impõe, muita gente se afasta de si e dos próprios sonhos. E se eles não forem alimentados diariamente, ficamos parados no mesmo lugar reclamando que a vida não foi legal conosco. É um caminho que exige persistência e cuidado com os bichinhos da insegurança e da autossabotagem, que vão rolar nos projetos que você estiver colocando em prática.

Sofremos com os sabotadores querendo nos tirar o foco todos os dias, mas, acredite: foco é treino. Eu entendi isso porque senti na pele que, se não fosse focada, nenhum projeto saía do papel na minha vida. Nenhum mentor me ensinou essa lição. Foi algo que descobri com as experiências que foram tentando me desviar do foco e com a minha persistência em acelerar na direção deles "apesar de".

Ou você faz aquilo que está disposto a fazer ou passará o resto da vida inventando desculpa para justificar sua inércia. Para entrar em ação, a primeira coisa a identificar é se você está no piloto automático.

Se queremos resultado, precisamos colocar nossa energia e também saber que, no meio do caminho, surgirão atividades que precisam ser cumpridas, apesar de não gostarmos. Se você quer outro resultado, terá que se movimentar. Ou seja, agir.

Tenha clareza de onde quer chegar. Desta forma, fica mais fácil identificar o caminho a ser trilhado, onde colocar energia, de que forma encarar os obstáculos e sustentar a atitude para progredir em direção aos seus objetivos.

Lembre-se! Gratidão é saber focar no que você tem e agradecer pelas coisas boas da vida. No trabalho, elogiar mais e focar na solução e no que dá certo.

Para refletir

Qual ação você terá que tomar hoje para chegar onde quer?

Pare aplicar

Caso ainda não saiba responder a questão anterior, teste diferentes ações até entender qual é a certa. E lembre-se sempre que o melhor caminho para você pode não ser o ideal para mim. É necessário individualizar a ação, focando no seu objetivo específico.

Tenha magnetismo pessoal

Você já deve ter ouvido falar em magnetismo pessoal. Algumas pessoas, quando estão perto de nós, parecem resplandecer com energia curativa e bons fluidos, enquanto outras nos fazem sentir vontade de sair correndo, não é?

Pois bem, a dúvida que fica no ar é: como andam sua energia e seu magnetismo? Sim, muitas vezes nós emitimos energias tão boas que iluminamos todos ao nosso redor.

Para ter um magnetismo pessoal, é preciso, em primeiro lugar, que haja um alinhamento entre corpo, mente e espírito. Equilibrar sentimentos e emoções é fundamental nesse processo, para que o seu campo vibracional emita energias de amor e generosidade, energias que façam com que seu entorno seja preenchido de luz — e não o contrário.

Já percebeu como seu corpo inteiro vibra quando você encontra uma pessoa com uma energia altíssima? Você se sente melhor, mais alegre, forte e saudável. É como se aquela pessoa elevasse sua alma e seu estado de espírito.

Por outro lado, quando encontramos alguém que puxa a nossa energia para baixo, nos sentimos sugados, sem forças, como se toda nossa faísca

Pessoas com magnetismo pessoal

- Têm fé;
- Têm uma alta compreensão da vida;
- São sensíveis;
- Zelam pela própria energia;
- Zelam pela energia vital.

de alegria tivesse sido apagada. Isso acontece porque, quando nos conectamos a alguém, os campos de energia geralmente se fundem. Pelo coração, as energias se ligam e podem se expandir, ou não.

Muitas vezes, desperdiçamos nossa energia vital com discussões e preocupações que sugam a nossa energia, sem perceber que o magnetismo é fruto de uma saúde física, mental e espiritual fortalecida. Quantas vezes você não se sentiu fraco após discutir, ou ter uma conversa difícil com alguém? Ou, então, após fazer aquela refeição pesada, ou beber demais?

A verdade é que nosso magnetismo é a nossa força diante da vida, e todos os dias precisamos observar como andam nossas atitudes e pensamentos, para que a qualidade deles seja positiva.

> Nosso magnetismo cria uma aura de proteção, abre caminhos e fala sobre nós, antes que possamos entrar em cena. Por isso, cuidar do magnetismo pessoal é cuidar de si. Cuidar dos pensamentos, dos sentimentos, dos hábitos e do corpo, tendo a máxima "vigiai e orai", para não se distrair e deixar que perturbações psíquicas invadam os pensamentos e quebrem essa corrente de energia construtiva.

Vale a pena ter consciência da maneira como você vibra no mundo, não apenas para criar uma vida melhor para você. Se cada ser humano vibrar numa frequência maior, poderá instruir outras pessoas, treinar e capacitar novos líderes e abrir caminhos para que mais pessoas tenham cura e amor-próprio, ampliando a capacidade de amar incondicionalmente. É um ciclo que transforma nossa vida no planeta.

Nascemos com essa capacidade. Precisamos apenas nos recordar de quem somos para termos essa presença afirmativa no mundo e impactá-lo positivamente todos os dias.

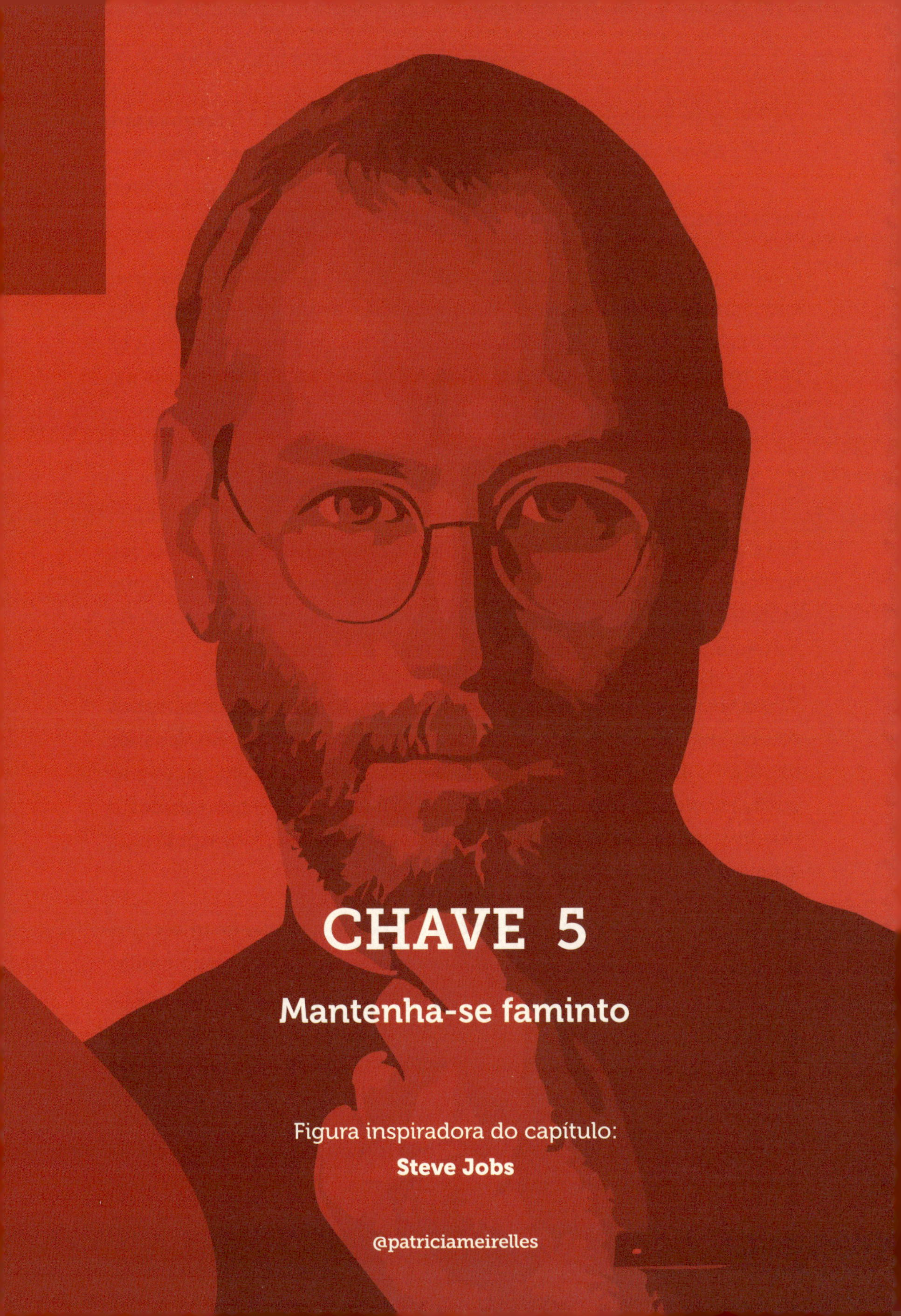

CHAVE 5

Mantenha-se faminto

Figura inspiradora do capítulo:

Steve Jobs

@patriciameirelles

Eu sempre fui a mulher que estimulou as pessoas a fazerem o que amam. Trabalhei durante muito tempo com empresários, num quadro de liderança, e percebi estar insatisfeita, embora o cargo fosse de status e poder.

Quando decidi criar um canal, absolutamente ninguém falava de empreendedorismo no YouTube, percebi que precisava abrir uma estrada. Mas algumas referências me nortearam. E o famoso discurso de Steve Jobs para formandos de Stanford, em 2005, foi um desses elementos que me levou adiante.

Conhecendo Steve Jobs

Steve Jobs costuma ser lembrado como aquele sujeito carrancudo que fundou a Apple. Mas ele era muito mais do que isso. Quando, na fala que acabei de mencionar, ele orientou os formandos a "ligarem os pontos", ele fez referência à própria história de vida, que é bastante tocante.

Talvez você não saiba, mas ele foi adotado, sob a premissa, por parte dos pais biológicos, de que os pais adotivos proporcionassem a ele a chance de cursar o ensino superior. Quando entrou em Stanford, viu que os pais adotivos estavam investindo todas as economias nos seus estudos e decidiu parar. Não havia nenhuma razão lógica para isso, mas seguiu seus instintos e coração.

Por ter percebido que os cartazes e etiquetas do campus eram escritos com uma linda caligrafia, ao abandonar a faculdade, decidiu fazer aulas de caligrafia. Foi quando aprendeu sobre tipos de grafia com e sem serifa, variações no espaço entre combinações de letras. Foi algo que o fascinou. Mas Jobs não sabia nem onde aplicar aquele conhecimento adquirido.

Isso até o primeiro Mac ser projetado, com aquele conhecimento sendo revisitado e originando o computador que tornou-se um exemplo em tipografia. Steve Jobs aplicou tudo que sabia sobre caligrafia no seu novo projeto, sem saber que aquilo poderia mudar o mundo.

Acho muito interessante que o próprio Jobs reconhecia só ter conseguido perceber tudo isso fazendo um retrospecto da própria vida. Não era lógico sair da renomada Stanford. Mas ele seguiu uma intuição. Uma escolha rara que o pautou para chegar onde chegou, anos mais tarde.

Quando ele diz que os pontos só se conectam em retrospecto, entendo bem. Porque precisamos, acima de tudo, confiar que estarão conectados num futuro próximo. Isso é o que chamo de inteligência do coração. Ela não segue nenhuma lógica racional e é um dos principais pontos que aplico em minha vida, mesmo que nem tudo aconteça como espero.

E assim também foi com Steve Jobs, que foi despedido da empresa que ele próprio criou. Mas ainda assim continuou seguindo sua intuição e, nos cinco anos seguintes, criou a NeXT e a Pixar. A Pixar foi responsável por Toy Story, o primeiro filme animado por computador da história, sendo hoje o estúdio de animação mais bem-sucedido do mundo. E o próprio Jobs acreditava que nada disso teria sido possível sem sua demissão. Ele contava que certa vez, ao se deparar com a frase "Permaneçam famintos. Permaneçam tolos", desejou isso a si.

O tema de sua última lição, no discurso aos formandos de Stanford, foi a morte. Jobs disse que, desde os 17 anos, se olhava no espelho pela manhã e perguntava a si:

– Se hoje fosse o último dia da minha vida, eu desejaria mesmo estar fazendo o que faço?

Caso a resposta fosse não por muitos dias consecutivos, seria necessário mudar alguma coisa.

Para ele, lembrar de que em breve estaria morto era a melhor ferramenta que encontrara para fazer grandes escolhas na vida. Porque quase tudo, como expectativas externas, orgulho e medo do fracasso, desaparecem diante da morte, que só deixa o que é importante.

Steve Jobs dizia que negócios são negócios e relações comerciais e amizades podem coexistir, desde que não haja dependência. E eu concordo. Quando ele foi demitido, aprendeu que não deveria confiar tanto numa única pessoa. E embora saber em quem confiar atualmente seja difícil, escolher as pessoas certas para estarem ao nosso lado deve ser uma premissa, não apenas na liderança, mas também na vida.

As chaves de Steve Jobs para manter-se faminto

- Não tenha medo de inovar;
- Ouça todas as ideias e coloque-as em prática;
- Esteja com pessoas que alimentem sua criatividade;
- Não perca tempo com quem não sabe o que deseja;
- Use as derrotas a seu favor;
- Confie em si, mesmo que ninguém acredite em seus projetos;
- Use sua intuição e vá adiante;
- Não tema quem quiser derrubar você, quando começar a despontar;
- Conecte os pontos;
- Tenha coragem de seguir o que sua intuição e coração dizem.

Falas marcantes dessa figura inspiradora

> *É preciso confiar em algo — seu instinto, o destino, o karma. Não importa. Essa abordagem jamais me decepcionou, e mudou a minha vida.*

> *Siga seu coração. De alguma maneira, ele já sabe onde você quer ou precisa ir.*

> *Tive sorte. Descobri o que amava bem cedo na vida. Woz e eu criamos a Apple na garagem dos meus pais, quando eu tinha 20 anos. Trabalhávamos muito e, em dez anos, a empresa cresceu de duas pessoas e uma garagem a quatro mil pessoas e US$ 2 bilhões. Havíamos lançado nossa melhor criação — o Macintosh — um ano antes, e eu mal completara 30 anos.*

> *O sabor do remédio era amargo, mas creio que o paciente precisava dele. Quando a vida lhe jogar pedras, não se deixem abalar. Estou certo de que meu amor pelo que fazia é o que me manteve ativo. É preciso encontrar aquilo que vocês amam — e isso se aplica ao trabalho tanto quanto à vida afetiva. Seu trabalho terá parte importante em sua vida e a única maneira de sentir satisfação completa é amar o que vocês fazem. Caso ainda não tenham encontrado, continuem procurando. Não se acomodem. Como é comum nos assuntos do coração, quando encontrarem, vocês saberão. Tudo melhorará com o tempo. Continuem procurando. Não se acomodem.*

> *Lembrar de que você morrerá é a melhor maneira que conheço de evitar armadilhas de temer por aquilo que temos a perder. Não há motivo para não fazer o que dita o coração. Tenham a coragem de seguir seu coração e suas intuições, porque ele, de alguma maneira, já sabe o que vocês realmente desejam se tornar. Tudo o mais é secundário.*

> *Nossas visões sobre o futuro começaram a divergir e terminamos rompendo. Por alguns meses, eu não sabia o que fazer. Sentia que havia desapontado a geração anterior de empresários, derrubado o bastão que havia recebido. Apesar da rejeição, o amor permanecia e, por isso, decidi recomeçar. Não percebi, na época, mas ser demitido da Apple foi a melhor coisa que poderia ter acontecido. O peso do sucesso foi substituído pela leveza do recomeço. Isso me libertou para um dos mais criativos períodos de minha vida.*

Sobre quando liguei os pontos

Nem sempre conseguimos perceber as coisas estampadas na nossa cara, até mesmo porque elas nem sempre estão. Muitas vezes, apenas anos depois conseguimos entender os porquês. E eu liguei os pontos quando saí do meu status de líder, tão buscado pelas pessoas, e passei a fazer algo diferente.

Porque as respostas só vieram quando, anos mais tarde, eu me tornei mãe e comecei a trabalhar mais a minha essência na liderança. Era evidente que eu teria trilhado um caminho totalmente oposto, caso tivesse seguido uma liderança que não estava alinhada aos meus valores.

E esta percepção nem sempre é clara quando deixamos um emprego, um projeto, ou uma parceria de trabalho. Às vezes, sentimos a voz do coração mostrando um novo caminho e nem entendemos por qual razão deveríamos sair da trilha que parecia ir tão bem. Mas esse "bem" é aos olhos de quem?

Tudo no Universo é energia. O que pensamos e fazemos vibra em determinada frequência. E essa frequência influencia nosso estado físico. As pesquisas mais recentes comprovam que existe uma tabela de frequência vibracional, medida em megahertz (Mhz). Quanto menor a frequência, mais estamos suscetíveis a doenças.

> Siga seu coração. De alguma maneira, ele já sabe onde você quer ou precisa ir.

Steve Jobs

@patriciameirelles

Pessoas com magnetismo pessoal

- O que faz nossa energia baixar é tudo o que reduz a energia vital, como medo, pânico e estresse. Isso significa portas abertas para doenças;
- Nosso corpo deve ficar numa frequência de 62 a 78 MHz. Abaixo disso, estaremos mais suscetíveis a gripes e resfriados. Por isso, a dica é sempre alimentar a mente com o que nos deixa felizes, entendendo que pensar é exercitar a química cerebral, induzindo a secreção hormonal em várias regiões do cérebro;
- Só para que você tenha uma ideia, a raiva pode acelerar os batimentos cardíacos, alterando a frequência vibracional. E os pensamentos alteram as moléculas. Deepak Chopra diz não haver um único pensamento distorcido sem haver, também, uma molécula distorcida.

Saber fazer escolhas é uma chave

Muitas pessoas relatam que grandes períodos de criatividade vieram após momentos de crise. Sou a prova viva disso. Sempre busquei me reinventar e à medida que perdia certas conexões, percebia como estava abrindo espaço para novas, que jamais seriam feitas caso eu estivesse presa a padrões antigos.

Quando falamos de chaves que acionam a inteligência do coração para negócios, é preciso deixar claro que não se trata de os líderes tomarem decisões tolas e desmedidas. Falo sobre os líderes estarem atentos e saberem transitar entre derrotas e vitórias, buscando oportunidades em cada queda.

Um líder que entende que até mesmo uma demissão é algo positivo, quando vista em retrospectiva, está conectado com o que construiu, com um legado, com a mudança de chave na vida. E não há nada mais significativo do que isso.

Por isso, entendo o poder de escolha como um fator primordial para exercer a inteligência do coração. E se você, ao invés de ser dispensado de um trabalho, decide sair?

Eu já optei por sair de lugares que não me faziam bem. Não é fácil. Porque encontramos a zona de conforto e nela ficamos. Sair de um relacionamento que não faz bem requer coragem. Coragem para melhorar o que precisa ser melhorado. Fazer escolhas é fundamental.

Ser um bom líder não é sobre ser tomado pelas emoções. É tomar decisões de maneira inteligente, o que demanda inteligência emocional e do coração. Não é fazer as coisas desesperadamente. É entender e se conectar com nossa essência e intuição.

Não deposite toda sua confiança em alguém

Outro dia, uma amiga me contou que tinha alguém de extrema confiança como seu braço direito. Ela confiava tudo a esta pessoa que, um dia, simplesmente abandonou o emprego e a deixou na mão.

O fato é que temos a tendência de abraçar pessoas, quando precisamos lidar com muitas tarefas. E, atualmente, o excesso de demandas é altíssimo, portanto, nada mais justo que contar com ajuda.

Só que, se depositarmos toda nossa confiança em uma só pessoa, podemos acabar como essa amiga, que se viu como um cego no meio de um tiroteio. Não sabia nem por onde começar aquilo que tinha sido abandonado.

Por isso, como também orientava Jobs, a grande figura deste capítulo, permita-se experimentar novas coisas e conviver com diversos tipos de pessoas. Para ele, os hábitos novos fazem com que o cérebro crie conexões, traga mais criatividade e ajude com ideias de negócios.

CHAVE 6

Aja correto mesmo quando ninguém estiver olhando

Figura inspiradora do capítulo:

Viviane Senna

@patriciameirelles

Quando entrei para o Conselho do Instituto Ayrton Senna, jamais imaginei que teria como aliada uma das mulheres mais inspiradoras que já conheci: Viviane Senna.

Se, num capítulo anterior, nosso personagem foi o Ayrton, não poderia deixar de falar sobre a inspiração que é sua irmã. É notável a dedicação de Viviane ao legado de um dos maiores pilotos da história do automobilismo e às mudanças de longo prazo que nossa sociedade precisa experimentar.

Conhecendo Viviane Senna

Viviane é, hoje em dia, a maior referência no terceiro setor. Com sua incansável atuação em desenvolvimento humano e pessoal, tornou-se uma heroína ainda em vida. Percebendo que sua liderança poderia ser decisiva para a educação no Brasil, ela criou um instituto cujo foco é oferecer oportunidades de futuro.

Sua visão sempre foi a de que de nada adianta fazer caridade. É preciso transformar o sistema. E sua liderança inspiradora vai além disso. Para ela, a maioria das crianças brasileiras está impedida de crescer. Sem acesso à educação, saúde e habitação, ninguém consegue sair do lugar. Por isso, sua missão de vida foi dedicada a estas questões.

Para combater a exclusão, Viviane tornou-se uma líder impecável que dirige uma organização com pulso firme e coração. Só para se ter uma ideia da importância que seu nome ganhou, ela é conhecida como "musa do Terceiro Setor".

Apesar de planejar cada passo, Viviane sempre diz que não dá tempo de pensar no futuro. "Há algum tempo deixei de fazer planos. Aprendi que, em uma fração de segundos, todos eles mudam". Logicamente, esse pensamento tem muito a ver com a morte trágica do irmão.

Dois meses antes do acidente, Senna havia dito a Viviane que gostaria de usar a marca Senninha para fazer algo pelas crianças brasileiras. Ela, então, fundou o Instituto Ayrton Senna, para onde seria destinado todo o dinheiro arrecadado com a imagem do irmão.

De cara, o instituto criou um programa de esportes para 21 mil crianças carentes e, em seguida, passou a desenvolver programas pedagógicos para escolas públicas. "Não podia simplesmente dar esmolas ou construir creches", afirma Viviane. Ela sabia que a imagem de Ayrton precisava ser direcionada para a educação. E, como uma líder, tem perspicácia e inteligência para empenhar energia no lugar certo.

Como alguém à frente de uma causa humanitária, ela diz que seu maior desafio é não se deixar levar pela demanda. "É muito fácil ser carregado para muitos lados ao mesmo tempo. A primeira tarefa a fazer é delimitar seu campo", ela conta.

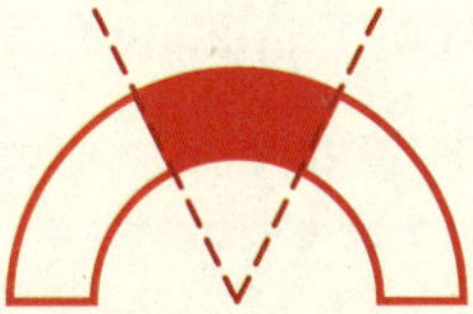

Também aprendi com Viviane sobre saber exatamente a razão das renúncias. Cada um precisa considerar o que faz de melhor, saber onde exatamente suas competências podem levá-lo. Outra grande lição é a de que boas intenções nunca resolveram nada. Elas são um bom ponto de partida, mas não a linha de chegada.

Como mulher e empreendedora, num ecossistema onde homens estão no poder há mais tempo, ela lidera com delicadeza, mas sabe que toda inovação é solitária: "Por isso, os empreendedores e visionários precisam ser muito bem estruturados", afirma.

Viviane Senna entende que não temos tempo de ficar empacados nos problemas. Precisamos, cada vez mais, de soluções criativas. E é desta forma que uma liderança pode explorar o potencial de quem está no seu entorno. Fazendo com que as pessoas saiam do óbvio e busquem soluções em outros lugares.

As chaves de Viviane Senna para agir mesmo quando ninguém estiver olhando

- Nunca esquecer do propósito;
- Pensar nas pessoas que dependem da sua ação;
- Criar uma rede de aliados consistente;
- Fazer uma coisa por vez;
- Entender que obstáculos fazem parte da vida;
- Ter estratégias para driblar os aproveitadores;
- Ser doce e impecável com a palavra;
- Entender de pessoas e dar a elas o que pode para que sejam melhores no que fazem.

Falas marcantes dessa figura inspiradora

> ***O Brasil é um país de bonsais humanos. Como as pequenas plantas, que têm potencial de se transformarem em árvores, mas são podadas e privadas de água e luz. Assim, tornam-se anãs.***

> ***Ser a 8ª economia do mundo e, ao mesmo tempo, ocupar a 74ª posição no ranking de desenvolvimento humano da ONU significa que nossa população não teve condições adequadas para se desenvolver.***

> O Brasil é um país de bonsais humanos. Como as pequenas plantas, que têm potencial de se transformarem em árvores, mas são podadas e privadas de água e luz. Assim, tornam-se anãs.

Viviane Senna

@patriciameirelles

Assuma seu protagonismo

Somos, literalmente, criadores, e podemos moldar nossa realidade intencionalmente. Como parte de tudo o que vemos, somos participantes de uma conversação em andamento — um diálogo quântico — com nós mesmos, com nosso mundo e além dele.

Nessa troca cósmica, nossos sentimentos, emoções, orações e crenças de todo o instante representam o que expressamos ao Universo. E tudo, da vitalidade de nosso corpo, à paz em nosso mundo, é o Universo nos respondendo.

Pare e reflita!

- De que forma você está criando a sua realidade?
- Onde você está colocando foco em sua vida?

Você é 100% responsável por tudo aquilo que acontece com você e tudo que cria a partir de sua intenção, que vem de dentro. Acredite nesse poder mágico.

Assuma-se um criador e dedique-se conscientemente para dar vida à realidade que deseja experimentar. É uma aposta para a qual valem algumas lições trazidas por Viviane Senna e outros grandes estudiosos da natureza humana.

Não se deixe levar pela demanda

Louise Hay dizia que somos totalmente apoiados pelo Universo, quando seguimos nossos sonhos, nossas paixões e nossa orientação interior. Isso deve ser espontâneo, porque acabamos atraindo em nossa vida a abundância se estivermos dispostos a contemplar em nossas vidas.

Use a criatividade na resolução de problemas

A criatividade nos traz amplitude. E assim deixarmos de olhar para caminhos estreitos. Passamos a ver a vida com novos horizontes, criando coisas inimagináveis que nos trazem vida, abundância e prosperidade. É como sair da limitação, por meio de conexões, ideias, ações e usando o networking de maneira positiva.

O foco no resultado positivo é como reeducar nossa mente para hackear o sistema interno. Isso faz com que olhemos tudo sob outra perspectiva.

Muitas vezes, parece que estamos sozinhos nessa jornada. Não encontramos pessoas conscientes, estamos diante de gente que não compartilha dos mesmos ideais que os nossos. Isso nos deixa mais distantes do que queremos, porque não temos as mãos de outras pessoas ao nosso redor.

Por isso, é importante ter mente firme e um escudo forte para o coração.

Fique por dentro!

- Quando pensamos com o coração, o nível de DHEA (deidroepiandrosterona) aumenta, proporcionando equilíbrio hormonal;
- O batimento inconstante do coração se normaliza e entramos num padrão de onda, como se pode ver num monitor de onda cardiovascular. Esse padrão é o que faz com que o coração seja chamado de o grande eletromagneto que afeta o restante do organismo;
- Os pensamentos mudam os campos elétricos e magnéticos do nosso coração. Esses campos, por sua vez, mudam as coisas no mundo externo;
- A ciência está mostrando que podemos mudar o campo de um átomo e mudar o próprio átomo.

Nosso magnetismo cria uma aura de proteção, abre caminhos e fala sobre nós, antes que possamos entrar em cena. Por isso, cuidar do magnetismo pessoal é cuidar de si. Cuidar dos pensamentos, dos sentimentos, dos hábitos e do corpo, tendo a máxima "vigiai e orai", para não se distrair e deixar que perturbações psíquicas invadam os pensamentos e quebrem essa corrente de energia construtiva.

Segundo a tradição sânscrita, temos sete sistemas de energia. Os três superiores estão relacionados à lógica, mas a emoção vem dos centros criativos do corpo. É por meio do pensamento que essas energias se encontram.

Esse centro é o coração.

Ninguém é inspirador estando doente ou triste. Inspiramos outras pessoas quando cocriamos nossa própria realidade e somos verdadeiramente felizes. Precisamos nos comprometer com isso para, de fato, manifestar aquilo que desejamos.

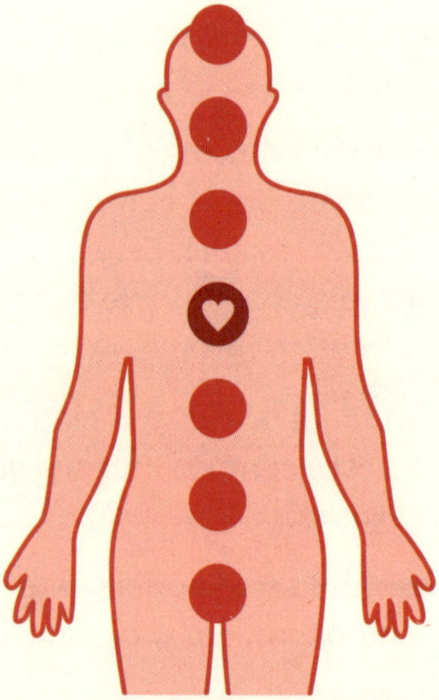

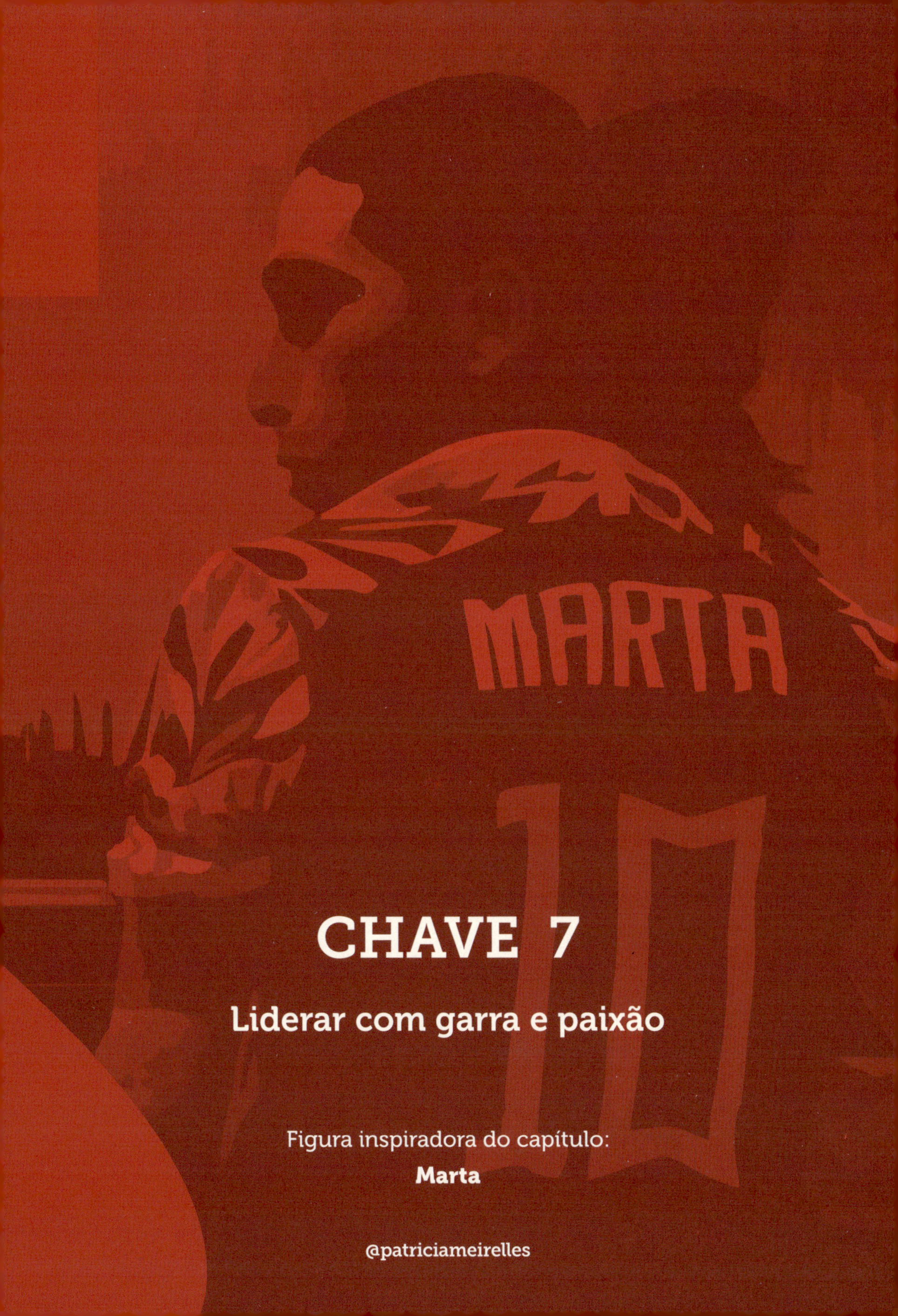

CHAVE 7

Liderar com garra e paixão

Figura inspiradora do capítulo:

Marta

@patriciameirelles

Liderar com garra e paixão é algo natural para pessoas que sabem onde querem chegar e entendem que é preciso mobilizar certas emoções para conquistar posições melhores e grandes títulos.

Os líderes guiados por esses princípios entendem que é preciso dar muito de si quando os outros não dão seus 100% e o foco são as conquistas. Atributos que Marta, uma das melhores jogadoras de futebol do mundo, domina extremamente bem.

Conhecendo Marta

De que Marta está entre os maiores nomes do futebol feminino mundial, ninguém tem dúvida. Em 2015, ela superou o Rei Pelé, tornando-se a maior artilheira da seleção brasileira. Como se não bastasse esse feito, ela ainda foi eleita seis vezes a melhor jogadora do mundo pela FIFA.

Em 2018, Marta também foi nomeada Embaixadora da Boa Vontade pela ONU. O fato é que, para além dos títulos, essa atleta é um exemplo de superação no esporte. Apoiadora do trabalho das mulheres no mundo, ela inspira meninas a superarem barreiras que ela transpôs, e diz que todas devem seguir os próprios sonhos.

Marta é conhecida como a rainha do futebol e mesmo com uma infância humilde, no interior de Alagoas, sabendo que o pai deixou sua família quando tinha apenas um ano, usou toda sua força para ter automotivação e ser inspiração.

O interesse pelo futebol surgiu ainda nos primeiros anos de vida, ignorando as críticas de quem dizia que futebol era só para meninos. Marta sempre se sobressaiu e demonstrou muita habilidade e força. Elementos que se somam à credibilidade conquistada dentro e fora de campo, sempre liderando a equipe com garra e paixão.

Quando entrevistadas, as colegas de Marta ressaltam que acreditaram nela como capitã dos times, por conta da confiança que transmite nas atitudes e discursos sempre congruentes.

Ela sabe do impacto produzido pelas palavras que diz. Por isso, tem clareza de propósito, usando e abusando da capacidade de influenciar as pessoas. Independentemente da posição hierárquica que atingiu, ela sabe de onde veio e o quanto custou chegar onde chegou.

Em todas as suas entrevistas, Marta reforça que "nenhuma vitória é conquistada sozinha". Uma fala muito interessante, principalmente vinda de alguém que é uma artilheira e consegue finalizar jogadas incríveis com seus passes.

Mas, para ela, nada seria possível caso não houvesse uma excelente comissão técnica e suas companheiras de time. E reconhecer o mérito da equipe é fundamental para qualquer líder. Ou você nunca viu um líder que adora dizer que tudo é mérito próprio?

A responsabilidade que Marta carrega em campo é a mesma do CEO de uma empresa. Ela precisa garantir que tudo dê certo, levando sua equipe para o resultado que todos esperam. Como capitã, Marta inspira, constrói métodos assertivos para cada partida ser favorável e respira iniciativa, agindo para garantir que a equipe vença.

Não bastasse isso tudo, Marta tem outra característica na qual acredito muito. É o magnetismo pessoal. Sempre falo que a energia não mente e é basicamente isso que acontece quando as pessoas transparecem a essência. Ela é o que é, fala tudo na lata e podemos esperar dela exatamente o que promete.

As chaves de Marta para liderar com garra e paixão

- Acreditar em si;
- Não desprezar o poder dos seus inimigos;
- Ser fiel aos aliados;
- Enaltecer o trabalho em equipe;
- Motivar-se pela entrega;
- Saber inspirar com ações;
- Agir com amor e fazendo o que gosta;
- Se colocar à disposição dos outros para ensinar o que sabe.

Sobre reconhecer o trabalho em equipe

Decidi falar um pouco mais sobre esse tema porque, assim como Marta, sempre acreditei que ninguém faz nada sozinho. Cada um tem habilidades únicas e trocar com os outros faz de nós pessoas melhores, porque entendemos a importância de pedir ajuda em alguns momentos.

Por sinal, reconhecer que precisamos uns dos outros é entender que gestão eficiente se dá com boa comunicação, feedbacks e avaliações positivas. Como líder, eu sempre entendi a importância de antecipar as situações por meio de uma visão sistêmica, engajando a equipe para atingir a meta.

Ninguém nasce líder. Essa postura é talhada com as superações que a vida impõe. No dia a dia, nem sempre é simples encarar este desafio com segurança. Precisamos confiar no próprio potencial e focar no desenvolvimento holístico.

Acredite em você e confie no seu potencial, porque, se você não acreditar, ninguém mais vai. Você pode fazer tudo o que desejar, se acreditar e continuar treinando e lutando.

Marta, a figura desse capítulo, é uma excelente prova de algo que sempre percebi. A prática esportiva desenvolve habilidades que podem ser transferidas para outras áreas da vida, principalmente para o ambiente de trabalho.

Como seres humanos complexos que somos, precisamos ter disciplina, trabalhar em equipe e observar o que precisa ser feito diariamente, na rotina, para otimizar os ganhos.

Liderar com garra e paixão é uma das temáticas dos grandes empreendedores. Nunca vi uma pessoa ganhar nada sem brilho nos olhos, sem entrosamento de equipe, sem conquistar as pessoas.

Um líder assim é um líder do futuro. Líder que se apropria da inteligência do coração porque não se guia somente pela lógica, pela estratégia. É um líder que conecta as pessoas porque elas querem estar perto.

Hoje, vejo que, quando estamos alinhados com aquilo que acreditamos, nossa frequência muda. E um líder alinhado com o que acredita, fazendo aquilo que acredita, se destaca em qualquer área de atuação.

É preciso equilibrar as emoções

Para falar sobre liderar com garra e paixão, a partir do exemplo de Marta, não poderia deixar de tratar do universo emocional. Afinal, as emoções são o tempero da vida, mas também podem colocar tudo a perder. Muitas vezes, nos tornamos dependentes de emoções negativas, e isso pode ser ruim, já que emitimos frequências específicas para determinadas emoções.

Mesmo que nosso cérebro esteja pronto para sonhar novos sonhos e manifestar outras realidades, a única coisa que pode nos sabotar é o que sentimos, porque não basta pensar positivo. É através do sentimento que chegamos na frequência que desejamos atingir.

A saúde é o reflexo do seu bem-estar interno. Cuide-se! E comece pelos sentimentos, que influenciam diretamente seus pensamentos. Entenda que somos seres extraordinários, com capacidade de alterar qualquer realidade, principalmente em nós.

Fique por dentro!

- Talvez você já tenha ouvido falar do hipotálamo, uma fábrica de compostos químicos que correspondem a determinadas emoções que experimentamos.
- Cada pensamento tem um composto químico associado. E a absorção dele pelas células do nosso corpo é o que dá origem ao que chamamos de emoção.

Este é o circuito que precisa estar ajustado, para que você tenha equilíbrio emocional. Se ligue nisso!

CHAVE 8

Use sua vida para servir

Figura inspiradora do capítulo:
Oprah Winfrey

@patriciameirelles

Quando descobrimos por qual motivo estamos nos movendo no mundo, é como se um portal se abrisse, revelando um caminho mágico e transformador. É vital saber onde queremos chegar e, principalmente, como queremos servir o mundo.

Trago Oprah Winfrey como inspiração para falar sobre esse assunto, pela clareza que ela tem sobre o princípio do serviço. Ela entende sobre como a vida deve ser usada para servir ao mundo e diz que "só desta forma, você vai descobrir que ele também lhe serve".

Conhecendo Oprah Winfrey

Oprah, como costumamos chamar, é uma das maiores empreendedoras que já existiu. Humilde, soube trilhar o próprio caminho até ser a primeira mulher da história a produzir seu próprio programa de entrevistas.

Como a empreitada deu certo, ela decidiu ter sua própria produtora. E assim se tornou uma mulher inspiradora, não apenas no mundo dos negócios, mas também como apresentadora de TV, principalmente a partir das pílulas de sabedoria que compartilha, ao conduzir as entrevistas.

Ela e Steve Jobs estão entre as primeiras pessoas públicas a alertar sobre a importância do fracasso. Oprah o compreende apenas como a vida tentando nos mover em outra direção.

A liderança pelo coração sempre deixa rastros e as pessoas que trabalham ao lado da apresentadora dizem que ela jamais é vista gritando com as pessoas. Isso apesar de ser rígida com quem não seja comprometido com os valores da empresa.

Por sinal, um de seus valores é não maltratar os outros. Oprah acredita que ninguém tem o direito de colocar alguém para baixo e também diz, constantemente, que ninguém pode ficar no lugar errado. Afinal, o trabalho real do ser humano é descobrir, o mais rápido possível, qual a própria vocação e honrar isso da melhor maneira possível.

Foi assim que a apresentadora mais famosa do planeta se revelou — ao descobrir que deveria usar sua vida para servir o mundo. Um papel que ela associa à crença de que devemos saber o que acende a luz em nós, para que, da nossa própria maneira, possamos iluminar o mundo.

A gratidão é outro norte na vida de Oprah Winfrey. Ela diz que, desde que começou a ser grata pelas pequenas coisas que tinha, quanto mais gratidão sentia, maior era sua riqueza.

Na visão da apresentadora, isso acontece porque aquilo em que você se concentra se expande. Portanto, quando você se concentra no que há de bom em sua vida, cria mais do mesmo. Uma enxurrada de oportunidades, relacionamentos e até mesmo dinheiro passou a ir em sua direção quando ela aprendeu a ser grata por tudo.

Eu sempre foquei na gratidão e, inclusive, criei um movimento entre meus seguidores, para anotarem dez coisas pelas quais eram gratos. Isso pois, logo no início da carreira como influenciadora digital, quando montei uma agenda da gratidão, percebi que essa prática faz muito sentido.

Um líder que sabe ser grato, também prospera mais, pelo simples fato de estar atento às oportunidades e ao que deu certo, ao invés de focar em corrigir erros e reclamações.

> Oprah diz que alguém só sabe que está no caminho certo, quando, ao fazer seu trabalho, percebe que o faria mesmo sem ter sido pago para aquilo.

As chaves de Oprah Winfrey para usar a vida para servir

- Saber o que nos move e o que nos apaixona;
- Ser movido pelo coração e pela paixão no que fazemos;
- Colocar nossa melhor energia naquilo que fazemos;
- Dedicar-se a fazer as pessoas melhores ao nosso redor;
- Trazer um legado para quem está perto;
- Transformar as pequenas coisas, quando não conseguimos transformar as grandes;
- Visualizar nossos sonhos sempre com pés no chão e asas no céu;
- Entender que só fracassa quem se movimenta.

Falas marcantes dessa figura inspiradora

> *Quanto mais você louva e celebra a vida, mais há na vida para celebrar.*

> *Um dos maiores riscos da vida é nunca se atrever a arriscar.*

> *Se você se concentrar no que você tem, sempre vai acabar tendo mais. Se você se concentrar no que não tem, nunca terá o suficiente.*

> Quanto mais você louva e celebra a vida, mais há na vida para celebrar.

Oprah Winfrey

Descubra o que acende a luz em você

Existe uma frase do poeta e filósofo Rumi que nos orienta a estarmos com quem abana nossas chamas. E eu sempre concordei com isso, a ponto de escrever em meus dois últimos livros a respeito do que considero "abanar as chamas" de alguém.

Não quero soar repetitiva, mas para quem não leu meus livros, ali digo o quanto preservo relações onde a troca nos enriquece, ao invés de fazer com que nos sintamos piores.

> Em toda relação deve existir essa troca e ela precisa sempre nos engrandecer, ao invés de nos deixar para baixo.

O dia a dia, por si só, é desafiador. Se não preservarmos nossa energia e tentarmos "roubá-la" dos outros, haverá uma batalha invisível. Serão egos de pessoas que não alimentam umas às outras, apenas apagam mutuamente as respectivas chamas.

Somos responsáveis pela nossa vida e resultados. Se esperamos sentados por alguém que nos ajude, estaremos desperdiçando tempo. Hoje, quando recebo relatos de pessoas transformadas através da minha escrita nos livros, cumpro minha missão, porque esse é o meu legado e eu caminhei na direção dele.

Só nós podemos mover nossas vidas para frente. E enfrentar o medo, ou aquilo que mais nos desafia, é nos libertar verdadeiramente, num movimento que conduz em direção a algum lugar.

Seja grato

Hoje pratico a gratidão todos os dias e, ao olhar para a Patricia que não fazia isso, não entendo por qual motivo não tinha me conectado com essa energia antes.

Se deixarmos que a vida nos sufoque, com o passar do tempo, vamos perdendo o que há de mais sagrado em nós. A gratidão cura, abre portas e tem um poder mágico. Como diz o Alcorão, "ser grato ou ingrato é uma escolha sua". Então, que tal levar consigo essa fórmula de sucesso?

Meu dia começa com gratidão. Eu escolhi essa rotina, porque, para mim, faz sentido mudar a minha sintonia antes de começar qualquer compromisso profissional.

Vejo pessoas acordando de qualquer jeito, levantando-se da cama com reclamações, para ficar lendo notícias ruins e sintonizando-se em qualquer coisa, ao invés de escolher sua sintonia. Se você não escolhe sua sintonia, fica refém de tudo: do humor das pessoas, dos acontecimentos externos, das notícias, da televisão, do companheiro.

> Entenda, de uma vez por todas: a única pessoa responsável por mudar a sua vida, a sua energia e a sua vibração é você.

Ninguém vai puxá-lo de um buraco escuro e resgatá-lo, quando você estiver reclamando da vida. Como diria Chico Xavier: sua reclamação não fará com que as pessoas tenham mais simpatia por você. Mesmo assim, vivemos acreditando que a sintonia da derrota, do: "Oh, as coisas não dão certo para mim, sou uma vítima do mundo!", vai fazer os outros terem pena.

Escolho viver minha vida numa frequência de sucesso, realizações e vitórias, e não deixo as críticas me abalarem. É a partir dessa escolha que se cria uma aura de autoconfiança. Essa decisão ancora nossa energia numa sintonia equivalente a dos bons acontecimentos. Portanto, sintonize com consciência.

O maior risco é ficar parado

Já passei por momentos, tanto na liderança, quanto na vida, nos quais precisei tomar decisões. E nem sempre essa tarefa é fácil. Às vezes, temos medo de arriscar, de algo não dar certo, de um projeto não sair como o esperado. E acabamos deixando muitas coisas de lado, quando temos medo de arriscar. Abandonamos sonhos, vida, projetos, e a nossa própria missão pessoal fica comprometida.

Nenhuma jornada segue uma linha reta. Há tropeços, quedas e obstáculos de todas as instâncias. Mas quando enfrentamos a caminhada, observando cada tropeço, cada degrau, com ímpeto de seguir em frente, de continuar, apesar de tantos percalços, a vida se torna mais bonita, agradável, e o caminho acaba se mostrando.

Sempre acreditei que temos muito potencial escondido e deixado de lado. Somos seres que não despertam o potencial máximo e estagnamos, na maior parte do tempo, acuados, ao invés de mostrar nossa grandeza, nossa potência. Ao invés de ajudar as pessoas a se levantarem.

Quem tem o privilégio de ler, escrever e ter qualquer conhecimento, tem a obrigação de transmitir isso ao próximo e fazer com que as pessoas ao seu redor também cresçam e aprendam.

Não adianta guardar conhecimento e levar para o caixão. Precisamos compartilhar sempre, mesmo que tudo pareça dolorido e difícil. Porque nossa voz precisa ser ouvida. Enquanto escrevo estas linhas, minhas filhas estão gripadas. Cancelei viagens de trabalho, com dor no coração, mas certa de que haverá novas oportunidades.

> Assim é a vida: uma sucessão de sucessos e insucessos que vamos acumulando e percebendo como podem se tornar pedras que constroem nossa maior escada.

Cair é normal e todo mundo cai. O importante é saber que nossas quedas podem curar e redirecionar, nos tornando mais sábios e atentos.

Para um líder, é importante conseguir enxergar a dimensão das coisas. Um dia ruim pode ser apenas um dia ruim. E o grande segredo é estar disposto a olhar adiante e continuar, mesmo que tudo pareça difícil.

Trabalhe como se não precisasse ser pago para aquilo

Empreendedores costumam dizer que deveríamos trabalhar em dobro para ter sucesso. Quando fazemos o trabalho que nos cabe e nos sentimos bem, temos o bônus de estar fazendo o que gostamos. Cumprir isso é uma dádiva.

Um líder que se dedica com paixão ao seu negócio, projeto ou equipe, sabe que o brilho nos olhos também é mágico. Precisamos sentir o poder que vem quando nos concentramos no que verdadeiramente nos excita.

> Esqueça a pista rápida. Se você realmente quer voar, aproveite o poder de sua paixão e honre o seu chamado. Todo mundo tem um. Confie em seu coração e o sucesso virá para você.

Confiar no coração é a chave para a realização de qualquer sonho. Ele nos aponta o caminho que devemos trilhar. Dessa forma, os pequenos passos e vitórias vão ganhando um significado muito mais abrangente.

Não existe um caminho com as chaves para o sucesso, mas existem as chaves para ativar a inteligência do coração, que, inevitavelmente, leva qualquer pessoa ao sucesso. E sucesso não é só ter dinheiro. Sucesso é uma vida cheia de significado. Essa é a nossa maior riqueza.

Sempre acreditei que excelência começa pelo alinhamento entre pensamento e palavras, com a intenção de exigir mais de si. E energia não mente, se apenas "pensamos coisas positivas", sem focarmos na verdadeira transformação interna, o sucesso não acontece.

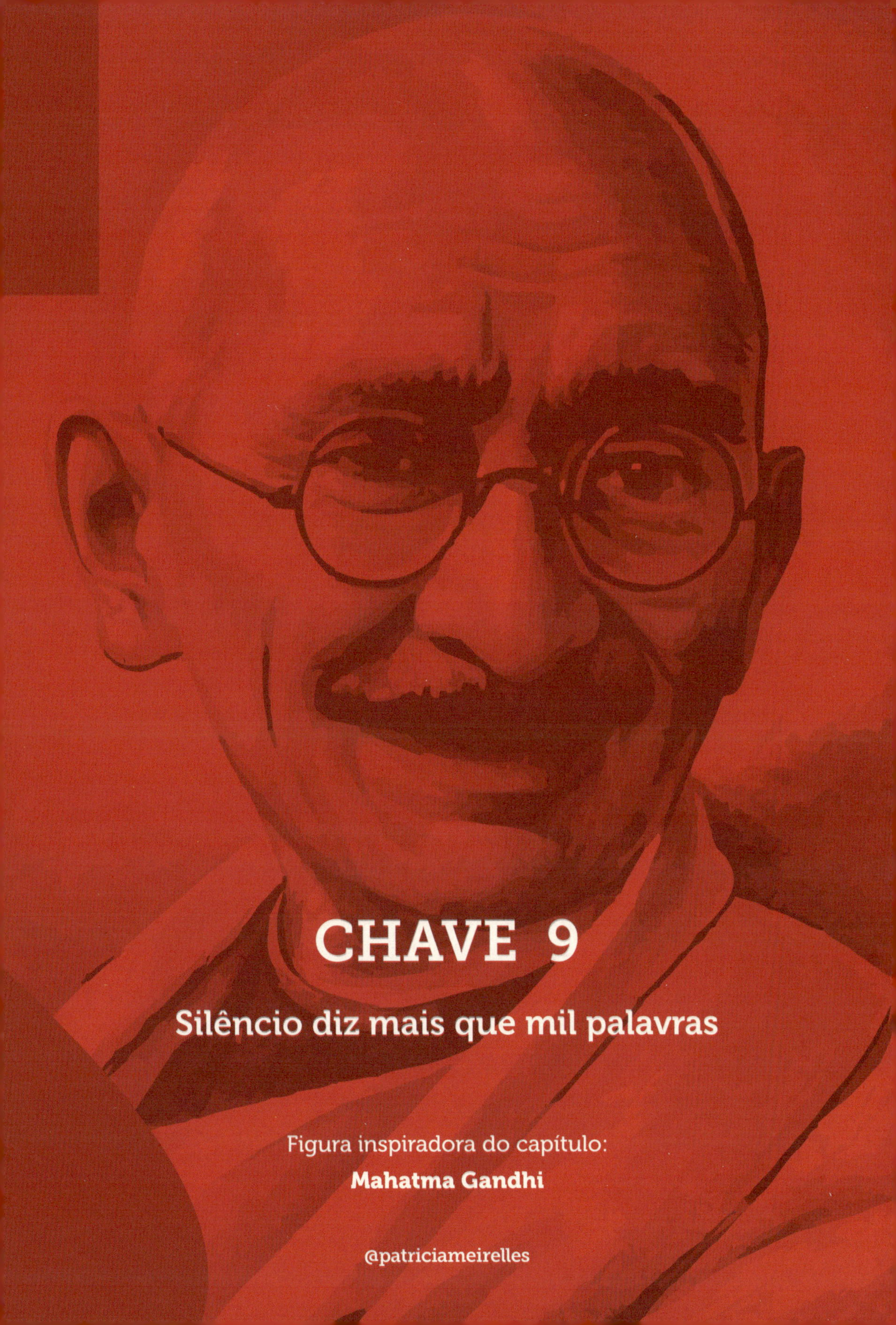

CHAVE 9

Silêncio diz mais que mil palavras

Figura inspiradora do capítulo:

Mahatma Gandhi

@patriciameirelles

Quem nunca ouviu falar sobre o poder do silêncio? Se você acha que revoluções só acontecem no grito e lidera usando a voz para se impor, precisa entender algo. Muitas ações são vitais para as pessoas escutarem o que você diz.

O silêncio é uma delas. E sobre ele vamos aprender com alguém importantíssimo para a história do mundo. Um homem que defendeu a revolução sem armas.

Conhecendo Mahatma Gandhi

Mahatma Gandhi foi um ativista que lutou pela independência da Índia. Seu ativismo trouxe muitas lições por seguir o método de manifestação não violenta conhecido como Satyagraha e desenvolvido pelo próprio Gandhi.

Tudo começou quando ele foi vítima de preconceito em um trem. Solicitaram que ele se retirasse da primeira classe — onde pagara para estar — porque um passageiro branco se incomodou com sua presença. Como se negou a sair, foi expulso da locomotiva.

A partir de então, Mahatma Gandhi começou a trabalhar pela preservação de direitos, lutando por eles sem a força do grito. Como primeiro princípio, ele pregava a não violência, contrariando qualquer atitude que gerasse dor ou sofrimento para outra pessoa.

Como líder espiritual, Gandhi defendia a ideia "faça ao próximo o que gostaria que fizessem a você". "Palavra é palavra e deve ser mantida". Esse era outros dos preceitos dessa grande figura humanitária. Acima de tudo, ele buscava coerência entre pensamento, palavra e ação, tomando decisões sempre pautadas por minimizar danos aos outros.

Há uma famosa história sobre a mãe aflita, que trouxe o filho até Gandhi dizendo:

— *Por favor, Mahatma, peça ao meu filho que pare de comer açúcar. Eu já expliquei todo o mal que faz e ele não me escuta. Mas tenho certeza de que um pedido seu ele atenderá.*

Gandhi olhou para a mulher e pediu que ela voltasse com o filho após 15 dias. Ela esperou este período e voltou. Então, Gandhi olhou bem nos olhos do menino e disse:

— *Pare de comer açúcar, porque só lhe faz mal.*

A mãe, então, perguntou:

— *Mas Mahatma, porque não fez isso da primeira vez que vim até aqui?*

E então Gandhi respondeu:

— *Porque há quinze dias eu também comia açúcar.*

Surgia aí, a liderança por princípios seguida por figuras que, como Gandhi, se pautam pela ética. É o que sempre digo em minhas palestras: "não adianta falar algo que não esteja alinhado aos seus pensamentos e ações. Caso contrário, tornam-se palavras vazias."

Por isso, é necessário, cada vez mais, que a verdade nos conduza. Isso requer prática e rotina, porque precisamos estar cientes de que a transparência nos faz mais autênticos.

Muitas pessoas me veem como dura ou direta demais. E hoje adoto esta conduta por perceber que jamais iludirei as pessoas com falsas expectativas. Prefiro seguir um padrão único na minha vida pública e privada do que não cumprir a palavra que empenho.

Quem segue líderes sem coerência entre discurso e ação geralmente se frustra. Aliás, você já deve ter caído em conversas vazias de líderes e depois percebido que eles se contradiziam. Também há os casos em que essas pessoas são "pegas em mentiras" ou, por qualquer outro motivo, têm a reputação destruída.

A liderança, na base da verdade, supera qualquer coisa. E quando não queremos impor nossa opinião, quando percebemos que a atitude importa mais que a palavra, o silêncio é a melhor resposta.

Essa é a postura do melhor líder. Aquele conectado com a inteligência do coração. Algo que muitas pessoas ainda precisam perceber. Observe as reuniões de que você participa. Muitos querem falar, e falar, para expor seus argumentos, ao invés de ouvir e aprender.

Temos, antes de mais nada, que saber a hora de calar. Se você não tem nada pertinente para falar, cale-se. Só que a disputa por ego é grande demais. Uns querem saber mais que os outros, para poderem se exibir.

O segredo é ouvir mais do que falar. E, acredite: o maior argumento das vendas é ouvir. As chances de fazer negócio são maiores quando ouvimos. O coração sabe a hora de ficar quieto.

Servir sempre

É comum associarmos a palavra "servir" a "estar abaixo de alguém". E um bom líder sabe que servir é justamente o contrário. Trata-se de servir às pessoas, com base numa conduta que não oprime e leva em consideração o melhor para os liderados.

Quem serve não está sendo motivado por desejos egoístas. A liderança pelo coração é motivada por ideais maiores, pensa no todo e se pauta pelo senso do dever e responsabilidade perante os outros. Se fizermos isso, entenderemos quais são as necessidades de cada um. Para servir, é preciso, antes de tudo, saber ouvir.

Um líder que não ouve não lidera, não sabe o que as pessoas precisam de verdade.

Por isso, quando falo sobre as chaves da inteligência do coração para negócios, quero lembrar que é preciso observar as pessoas, compartilhar experiências e entender quem são. E, acima de tudo, saber liderar a si.

Quando reconhecemos nossos potenciais e fraquezas, sabemos quem somos e não nos deixamos levar pelo mundo externo. Temos ideia das nossas vulnerabilidades, mais controle emocional e, por consequência, um comportamento mais alinhado com aquilo que somos de verdade.

Pratico meditação focada no coração diariamente e sei o quanto isso faz diferença em minha vida. Sei que as minhas forças estão na autoconsciência e na melhora do meu comportamento com as pessoas. Isso me permite estabelecer um diálogo positivo com minha mente e refletir melhor acerca das decisões que preciso tomar durante o dia.

Pare e reflita!

- Já percebeu quantas coisas fazemos no modo automático?
- Quantas vezes "reagimos" a algo ao invés de agir?

Se temos uma "concentração interna" capaz de criar uma atenção que nos faz ir além de meros robôs, ou pessoas que vivem no automático, as coisas ficam melhores para todos.

Exerça a maestria pessoal

Maestria pessoal nada mais é do que reconhecer e ter consciência das suas fraquezas e forças para moldar seu caráter a partir dessa compreensão. Conforme você se compromete consigo, aprende e aplica os conhecimentos, vai minimizando comportamentos que não trazem resultados satisfatórios para a sua vida.

Quem não governa a si é incapaz de governar os outros. Tenha coerência entre palavras e ações. Isso é ter maestria pessoal.

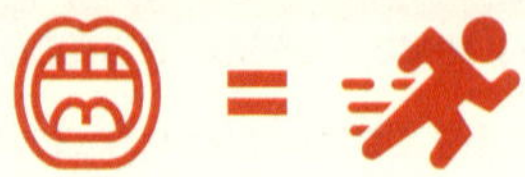

Todos damos exemplos. Em casa, observo meu comportamento porque sei que tenho quatro filhos que se baseiam nele para suas atitudes. Isso é ter autorresponsabilidade. E somos responsáveis por moldar o futuro, da maneira como gostaríamos.

Quando queremos promover diferença positiva na vida das pessoas, precisamos ser coerentes. Não adianta cobrar do mundo a atitude que gostaríamos que as pessoas tivessem. A liderança pelo exemplo é a mais duradoura que existe. Com base nela, você inspira as pessoas e faz com que todos tenham seus ideais contemplados.

Faça um detox de energia

Vivemos a era das toxinas mentais, que envenenam a mente e nos deixam sem alegria de viver. Quantas pessoas você conhece que estão paralisadas diante do celular, reclamando da vida, fazendo das preocupações cotidianas o centro das atenções?

Viver com toxinas mentais, físicas e emocionais o tempo todo é levar uma vida paralisante. Precisamos purificar nosso corpo, mente e espírito, para ter sintonia com a inteligência do coração.

Quando estamos desconectados do centro do coração, vivemos as relações como negócios ou intercâmbio de interesses. Nos aproximamos apenas de quem pode nos oferecer algo e, quando percebemos, o jogo está totalmente intoxicado com essa dinâmica. E assim, pouco discernimos sobre quais são as relações genuínas.

Por outro lado, quando estamos conectados ao coração, sabemos o que é de verdade e o que é de mentira; o que é ilusão ou de fato nos alimenta. Se nos comprometermos com o processo de purificação do corpo, da mente e do espírito, aprenderemos a usar o coração como ferramenta que nos diz para onde ir. O filósofo e mestre Rumi já dizia:

– "Seu coração sabe o caminho. Corra nessa direção."

E não há verdade mais absoluta do que essa. Somos felizes quando estamos bem conosco, sem distrações externas, com intenção positiva, autonomia e autoconfiança, focados na limpeza do coração amargurado e sem alimentar rancores e mágoas, colocando cor em nossa vida.

Para descontaminar

- Tenha hábitos saudáveis;
- Cuide de sua saúde física, emocional e mental;
- Durma bem;
- Deseje bem aos outros;
- Favoreça a felicidade do próximo;
- Tenha disciplina;
- Entre em contato com a natureza;
- Sorria.

Em cada um de nós há um coração nobre, que pode mudar o mundo. Um coração purificado promove a paz, enquanto um coração triste e sem vida só oferece sombras e tristeza. Uma pessoa nessa condição suga a energia dos outros e torna os ambientes tóxicos, com um astral negativo.

A força universal do amor é a frequência vibratória da criação e ela pode ser a sua porta para o divino, se você purificar e preencher seu coração com amor incondicional.

CHAVE 10

Não tenha vergonha de ser você

Figura inspiradora do capítulo:

Luiza Helena Trajano

@patriciameirelles

Uma das maiores viradas de chave da minha vida foi entender que ser eu mesma era uma coisa boa. Todos crescemos tentando ser aprovados, aceitos, amados. E, aos poucos, vamos mudando nossa natureza, nosso jeito, para caber em lugares e receber aceitação.

As mulheres, muitas vezes, mudam a personalidade de maneira brutal para serem queridas por todos. Como leonina, sempre fui uma líder nata, desde criança. Se você acha essa afirmação um pouco arrogante, saiba que eu também já deixei de dizer coisas, para não parecer arrogante. Até perceber que assumir quem somos, entendendo nossas características positivas e colocando-as a nosso favor, não é arrogância.

Minha liderança não poderia me envergonhar. Sempre tomei à frente das coisas e isso faz parte do meu DNA. Como ter vergonha disso? Seria como um leão querer parecer um gatinho indefeso. Mas ele é um leão e, não se reconhecendo como tal, miará e andará assustado.

Conhecendo Luiza Helena Trajano

Autenticidade tem tudo a ver com inteligência do coração. Afinal, para exercê-la, não basta saber as coisas intelectualmente. É preciso sentir o se é de verdade. E quando assisti pela primeira vez a palestra da Luiza Helena Trajano, entendi que era hora de me assumir verdadeiramente. Ela dizia, firmemente:

– ***Sou uma excelente vendedora. Não tenho vergonha de falar que trabalho com vendas. Foi assim que peguei gosto pelo varejo.***

O interessante é que, quando assumiu quem era e correu atrás dos próprios sonhos, Luiza tinha apenas 12 anos. Sua mãe a aconselhou a trabalhar para conseguir dinheiro e ela foi adiante. Nunca duvidou de si.

Hoje, lidera o Magazine Luiza e está no dia a dia dos colaboradores. Diz que sempre pratica o mantra "faça para os outros o que gostaria que fizessem para você". Uma frase que está no crachá de todos os funcionários.

Sua maior habilidade é olhar para o lado positivo de tudo. Para quem a considera sonhadora demais, ela diz que pensar pequeno não faz graça em sua vida. Já tendo feito parte das listas de pessoas mais influentes do mundo, foi considerada a mulher com maior reputação no Brasil por quatro anos consecutivos.

A própria Luiza diz que seu lema é: "não inventar a roda". Desta maneira, as coisas ficam mais claras para todo mundo, já que o foco deve estar no básico bem-feito, nada além disso. Um pensamento que está, inclusive, na base das suas muitas ações inovadoras, como a criação de um canal de comunicação direto com os consumidores quando muitas marcas ainda nem pensavam nisso.

Além da excelência em gestão, chama a atenção seu foco em ações sociais. Ela tornou-se ícone quando levantou bandeiras a favor das mulheres no Magazine Luiza, incentivando também que a violência em casa fosse denunciada.

A Luiza é o tipo de mulher inspiradora por si só. Todos que a conhecem tem uma história de aprendizado. E isso está totalmente relacionado ao fato de ela saber ouvir a intuição em momentos muito distintos, percebendo quem é e deveria ser, sem fugir disso e de sua posição. Ela reconhece que dar atenção apenas ao lado racional nem sempre é a melhor saída; ouve e acredita no que a própria essência diz, sem nunca se afastar dela.

E isso é aplicado diretamente na liderança, que Luiza exerce com respeito, cordialidade e, principalmente, ouvindo os outros. Ela entende que liderança é levar os colaboradores mais longe do que poderiam ir sozinhos. Nesse caminho, seu lema é o de que as pessoas sempre se desafiem, para manter a motivação de chegar onde querem.

Na visão dessa grande líder, venda é confiança e, para gerar essa conexão, é preciso pensar no outro. A pessoa muito egocêntrica não traz nada de especial para quem está diante dela.

Luiza também acredita no poder do contato olho no olho. Afinal, as pessoas podem até achar que o número de seguidores numa rede social qualquer seja importante, mas o que vale, de verdade, é ter em quem confiar quando se precisa apenas conversar.

É um olhar que precisa estar presente nos ambientes de trabalho, muitas vezes hostis porque as pessoas valorizam mais o "ter" do que o "ser", vendendo a alma em troca de dinheiro. Já acompanhei, diversas vezes, trajetórias de pessoas que, aparentemente, tinham vidas impecáveis, mas eram vazias de amor, contato íntimo, amigos ou relações que as nutrissem espiritualmente.

Assim é o radar da inteligência do coração. Não adianta estar cercado de gente, se estas pessoas não agregam, ou se você não contribui para a transformação daquele ambiente. Conexão de verdade existe quando a gente liga o GPS do coração e entra em contato com um caminho humano na construção de uma boa relação.

Gosto de apresentar as pessoas e conectá-las. Aliás, sou formada em Relações Públicas justamente porque adoro fazer isso, mas somente quando sei que agregará para ambos os lados e não apenas para tirar vantagens comerciais.

Se eu simplesmente fizesse a intermediação de conversas entre todas as pessoas que me pedem o contato dos empresários que já entrevistei, eles nunca mais me atenderiam. O pensamento seria: "ligação da Patricia é sinônimo de pedidos que não quero atender".

As chaves de Luiza Helena Trajano para não ter vergonha de ser você

- Não esquecer de onde veio;
- Ter orgulho de quem é;
- Saber se posicionar, mesmo quando querem te diminuir;
- Deixar que falem de você o que quiserem;
- Não ter medo de emitir opinião;
- Não ter medo de ser rejeitado por ser quem é;
- Buscar a sua verdade;
- Ser autêntico.

Falas marcantes dessa figura inspiradora

> *Nós não somos máquinas. O lado profissional e o pessoal se mesclam e temos que respeitar isso. Não dá para exigir que a funcionária com o filho doente, ou passando por uma separação, coloque isso de lado ao chegar no trabalho. Desde os anos 90, temos uma gestão humanizada e orgânica. E dá muito certo.*

> *Com a pandemia, alguns processos nas empresas se aceleraram. Principalmente relacionados a uma gestão mais orgânica, não tão previsível. O digital chegou para valer e, com ele, ficou claro que não dá para seguir a cartilha, porque, em um piscar de olhos, aparece um novo concorrente. Só isso já começou a mexer com o algoritmo que previa tudo, porque a própria pandemia foi imprevisível.*

“Nós não somos máquinas. O lado profissional e o pessoal se mesclam e temos que respeitar isso. Não dá para exigir que a funcionária com o filho doente, ou passando por uma separação, coloque isso de lado ao chegar no trabalho. Desde os anos 90, temos uma gestão humanizada e orgânica. E dá muito certo.”

Luiza Helena Trajano

@patriciameirelles

CHAVE 11

Busque sempre novos desafios

Figura inspiradora do capítulo:
Cristiano Ronaldo

@patriciameirelles

Sempre me mantive ativa e busquei desafios que pudessem me motivar. Muitas pessoas acreditam que a vida deve ser um jogo de ação e reação. Elas não percebem que é sua responsabilidade buscar motivação constantemente.

Com uma câmera na mão e uma ideia na cabeça, criei o primeiro canal de YouTube do mundo que une entretenimento, empreendedorismo, comunicação e inteligência do coração. Eu tinha a ideia de falar sobre autoconhecimento, liderança e trazer valores para contribuir com a mudança efetiva das pessoas, em sua dimensão humana. O foco não estava apenas em estratégias para ganhar mais dinheiro.

Firmei parcerias estratégicas com a Associação Brasileira de Startups, a Fundação Estudar e a Anjos do Brasil e comecei o negócio do zero. Aproveitei as parcerias e contatos que tinha, mas sabia que precisava correr atrás de patrocínios para viabilizar o canal. Foi um momento desafiador, que me exigiu coragem.

Conhecendo Cristiano Ronaldo

Um dos líderes que me inspiram, nesse quesito, é o craque Cristiano Ronaldo. Sua história é um exemplo de como a busca por novos desafios pode transpor barreiras. Com 11 anos, ele fugia do dormitório do clube em que atuava para treinar mais.

O curioso é que foram, justamente, a constância, a frequência e a intensidade nos treinos que o levaram ao topo do mundo. E mesmo após atingir essa posição, ele não descansou. Seu maior desafio, hoje, é se manter no topo e isso é uma baita lição para empreendedores e empresários.

Quando foi eleito o melhor do mundo, em 2007, ele fez o que pôde para se manter naquele posto, nos anos seguintes. Ele não queria ser apenas mais um. A ideia era se tornar uma lenda.

Todo mundo que acompanha futebol sabe que é difícil manter o auge por tanto tempo e Cristiano Ronaldo quis provar que, para ele, era possível. E um cara que, aos 36 anos, quando a maioria já se aposentou dos gramados, se torna o maior artilheiro de todas as seleções, deve ter um diferencial, não acha?

A chave que ele nos ensina, como capitão de times e líder nato, é: precisamos seguir em frente e saber nos adaptar a diferentes situações de dificuldade. Isso inclui um controle ferrenho das emoções e perseverança nos momentos desafiadores.

Para Cristiano Ronaldo, não basta ter habilidade. Ele quer ir além, mantendo o foco no que está ao seu alcance para melhorar sempre. Ele é obcecado por títulos individuais e acredita que o trabalho coletivo é a consequência de uma equipe preparada.

Quem vê seus gols nem sonha que ele acordava todos os dias antes das cinco da manhã para treinar incansavelmente os chutes ao gol. Isso tudo para melhorar uma performance que já era excelente. O empenho de Cristiano sempre foi totalmente acima da média. Não é à toa que as pessoas o chamam de gênio do futebol. Ele sabe como levar qualquer seleção à vitória.

Certa vez, quando a seleção de Portugal estava tentando chegar à semifinal da Eurocopa, Cristiano motivou todos os jogadores a entrarem em campo. Um deles não queria bater o pênalti, porque estava apavorado. Mas Cristiano o convenceu com tática e aptidão mental. Além de ser um líder dentro do campo, ele sabe usar seu poder de argumentação fora dos gramados, dizendo aos colegas o quanto são bons naquilo que fazem.

Pode parecer estranho para quem não acompanha futebol, mas chamar Cristiano Ronaldo de ser humano extraordinário virou algo comum. Aquele sorriso no rosto e paz de espírito que ele conserva, mesmo quando está sob estado de estresse, é porque treina muito. Sabe que as condições adversas existirão sempre. Sabe que precisa de disciplina para chegar onde quer. Sabe que ser resiliente é qualidade primordial para qualquer profissional.

Seu nível de exigência não destoa disso tudo. Competente em todas as áreas de atuação, o jogador diz que sempre definiu objetivos ambiciosos para sua vida. E "ser o melhor do mundo" sempre esteve nos seus planos.

As chaves de Cristiano Ronaldo para buscar sempre novos desafios

- Queira estar rodeado dos melhores;
- Treine, mesmo quando ninguém estiver olhando;
- Faça coisas que nunca fez;
- Sorria e inspire sempre;
- Busque sua melhor versão;
- Trabalhe em equipe.

Pouco risco, pouca recompensa

Steve Jobs dizia que quando temos pouco risco, há pouca recompensa. E Cristiano Ronaldo é a prova disso. Se arrisca o tempo todo, tem humildade em receber apoio, reconhece onde erra e cria equipes de suporte multidisciplinar para ser cada dia melhor.

Você pode até acreditar que existem pessoas em condições mais favoráveis para as conquistas, mas ele prova que é preciso lutar muito para se tornar uma referência.

Quando exerce seu papel de líder, ganha os associados, conquista quem está ao seu redor. Odeia mediocridade. Quer sempre mais e mais. Esse é o cara mais seguido do mundo no Instagram. Influência é o que vemos por aqui. E ele diz sempre seguir o coração para fazer escolhas.

Uma das coisas que mais admiro em Cristiano Ronaldo é o fato de ele ser exemplo positivo com relação a valores. A família é a base dele. É um dos poucos jogadores de futebol que não vive de aparências. Ele traz uma conexão real com as crianças, até nisso demonstrando saber liderar pelo coração. Algo que minha trajetória também me ensinou.

No meu livro "A arte da conexão", trago exemplos de situações que foram pontos de inflexão na minha vida. Momentos nos quais eu estava em posições profissionais de muito prestígio, mas desligada do meu coração. Eu tinha resultados profissionais, mas faltava o coração pulsando de felicidade.

Nessas ocasiões, eu sempre decidi ouvir o coração, pois acredito que, banalizando a própria vida por dinheiro ou sucesso profissional, a pessoa acaba, em algum momento, perdida, sentindo um vazio interno, ou percebendo uma desconexão. É preciso atenção, o tempo todo, para entender se estamos saindo do caminho da nossa missão de alma, ou fazendo algo alinhado ao nosso papel na Terra.

Quando estamos congruentes — agindo, pensando e sentindo em coerência — podemos ter resultados diferentes. E não se trata só de questões materiais. São resultados dos quais nos orgulhamos. Eu falo sobre impacto, alegria interna, coração preenchido e carregado de boas intenções.

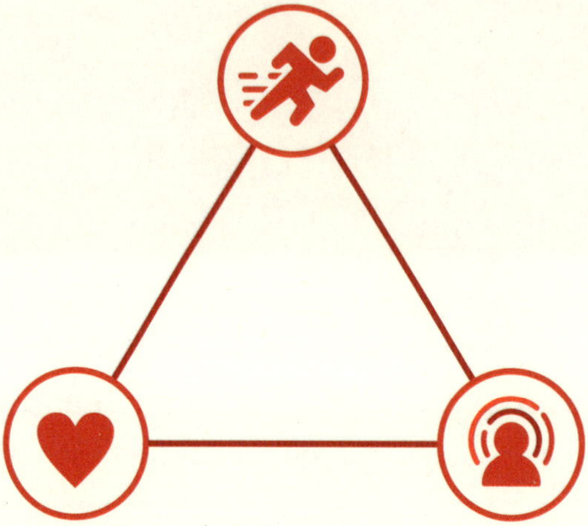

Família é a base de tudo

Esse é um tema muito importante, quando se fala em liderança. Todo o líder, além de saber se conectar com a própria família, deve entender que as pessoas têm suas famílias e problemas. É fundamental que o líder seja empático e compreenda a dimensão humana de seus liderados.

Enxergar a família como a base de tudo é considerar que, numa empresa, trabalham pessoas que têm familiares. Elas precisam estar presentes nas vidas dos seus, inclusive para performar melhor no trabalho.

Não adianta ter dois pesos e duas medidas ao falarmos no valor da família. Ela é a base. Temos que ser sensíveis quando, por exemplo, um funcionário precisa se ausentar para dar atenção ao filho doente.

CHAVE 12

Faça a diferença

Figura inspiradora do capítulo:

Michelle Obama

@patriciameirelles

Passei por um longo processo de aprendizado até descobrir que "ser" e "parecer" eram coisas distintas. Vou lhe contar uma coisa. Nem sempre fui essa mulher bem resolvida de hoje. Já passei maus bocados antes de encontrar a mim mesma e descobrir meu lugar no mundo. Para me conectar com as outras pessoas, em primeiro lugar, foi preciso fazer uma conexão interna.

Quando eu tinha 13 anos, embora soubesse transitar pelo mundo, me afastava dele para poder mergulhar no meu próprio universo particular. Era dentro do meu quarto que eu lia grandes filósofos ou pensadores que iam influenciando a minha forma de pensar. Isso apesar de ser difícil olhar para dentro quando o que eu via fora não me agradava por completo.

Eu era uma adolescente acima do peso e aquilo me incomodava. Não que eu acredite em padrões para definir quem está no peso ideal, mas eu me sentia inadequada diante das amigas da minha idade. Por isso, acabava me encolhendo em mim e desenvolvendo outras habilidades que não me fizessem precisar da estética. Escrever era uma delas.

Eu tinha verdadeira paixão por diários. Colocava todos os pensamentos que me atormentavam, ou as angústias existenciais de uma adolescente, neles. Crescia e ia me autoanalisando, enquanto as folhas em branco eram preenchidas com aquilo de que minha cabeça estava cheia. Assim eu me conectava com a essência de uma menina que percebia não estar no mundo a passeio.

Por isso, tenho paixão por mulheres que se conhecem, sabem o que desejam e inspiram por ser quem são, onde estiverem.

Conhecendo Michelle Obama

Michelle Obama, para mim, é uma das mulheres mais poderosas do mundo, indiscutivelmente. Quem acha que ela é apenas uma ex-primeira-dama, não conhece sua trajetória. Determinada e inteligente, a vida da Michelle foi construída com ambição, coragem e sabedoria.

É uma mulher que saiu da classe trabalhadora, cresceu num ambiente de escassez financeira e teve uma grande virada de chave quando percebeu algo. O sucesso não tem a ver com quanto se ganha, mas com a diferença que podemos fazer na vida das pessoas.

Por isso, muito antes de se tornar a primeira-dama, Michelle focava a vida na construção de comunidades carentes. Acolhia pessoas, acreditava no poder do verdadeiro empoderamento feminino e dizia, com frequência, que o poder da educação transformaria a realidade do mundo. Sem tirar o sorriso do rosto, ela se tornou uma das mulheres mais influentes do mundo.

Depois que li a biografia de Michelle, fiquei ainda mais apaixonada por sua história. Ela é a mulher que edifica a casa, trazendo segurança para o marido e os filhos. Falamos de alguém com estrutura, legal com as filhas. Uma mãe presente que transmite valores, conversa sobre tudo e, inclusive, leva as meninas para conhecer projetos sociais, com o objetivo de que elas criem consciência coletiva e valorizem o que têm.

Para mim, Michelle Obama é o verdadeiro símbolo do empoderamento feminino. Ao ler sua biografia, percebi que ela tinha em comum com os demais líderes a capacidade extraordinária de transformar sonhos em realidade.

Como? Acreditando neles.

Em suas entrevistas, ela sempre disse que ambição e determinação são as chaves para superar desafios, mas o bom humor é o que resolve tudo.

Como empreendedora social, Michelle defende pessoas de todas as classes e direciona energia para construir o bem, seja onde for, acreditando que somos seres em construção. Pensa que não "seremos algo" quando crescermos. Estamos nos construindo em direção a alguma coisa e nos renovando a cada dia.

Por isso, em seu documentário, Michelle conta que nossa trajetória não é estática. Afinal, nós estamos sempre mudando e o mundo também está em transformação. Então, a ideia de se reinventar é algo que enfrentaremos, mais cedo ou mais tarde. Ela costuma ressaltar que sempre fez questão de não ser vista como "apêndice do marido" e, por isso, perseguiu as próprias conquistas profissionais.

Acostumada a ter sua capacidade de execução questionada, sempre prezou por empreender com impacto e propósito. E assim seguiu a vida, como mãe, mulher e profissional, buscando na autenticidade a resposta para construir a trajetória. Mesmo com autoestima elevada e competência, Michelle Obama afirma ter precisado de ajuda em momentos pontuais de sua vida.

As chaves de Michelle Obama para fazer a diferença

- Ter integridade sempre;
- Não perder a coragem pelo caminho;
- Deixar as pessoas falarem o que pensam;
- Criar condições melhores para todos;
- Fazer o que precisa ser feito;
- Viver em paz com suas escolhas.

Falas marcantes dessa figura inspiradora

> *Hoje em dia penso que essa é uma das perguntas mais inúteis que um adulto pode fazer a uma criança: o que ela quer ser quando crescer? Como se crescer fosse algo finito. Como se a dada certa altura, você se tornasse algo e ponto final.*

> *Até agora, fui advogada, fui vice-presidente de um hospital e diretora de uma ONG que ajuda jovens a construírem uma carreira significativa. Fui estudante negra da classe trabalhadora em uma faculdade de elite e maioria branca. Fui a única mulher, a única afro-americana, em todos os tipos de ambientes. Fui a noiva, a mãe estressada de uma recém-nascida, a filha consternada pelo luto.*
>
> *E, até pouco tempo atrás, fui a primeira-dama dos Estados Unidos da América — emprego que não é oficialmente um emprego, mas que ainda assim me deu uma plataforma que eu jamais imaginaria ter."*

Ambição pelo sonho é um poder

Sempre fui muito sonhadora. Não à toa, tenho telas em branco, onde coloco desenhos e fotos do que almejo para a minha vida. E essa minha característica também me trouxe uma lição. Para ser autêntico, você precisa saber falar "não" para muitas coisas. Diga "sim" para você e "não" para o que os outros querem.

> O sucesso não tem a ver com quanto dinheiro você ganha, mas com a diferença que você faz na vida de outras pessoas.

Michelle Obama

@patriciameirelles

Autenticidade tem a ver com coragem. Coragem para seguir o que você é de verdade. Veja o que aconteceu comigo, quando decidi empreender. Muitas pessoas diziam "se aparecer uma proposta com um fixo interessante, cogite a hipótese de aceitar, porque você terá estabilidade". Mas eu rejeitava e dizia "não", porque estava disposta a enfrentar o desafio de construir meu sonho, que era um canal sobre conteúdos nos quais acredito. Era a minha verdade.

Nada vale mais do que ser autêntico com seu próprio sonho

E ser autêntica me abriu portas, inclusive nas entrevistas que fiz para o meu canal. Quando conseguia uma entrevista inédita - com alguém que não falava com a imprensa ou era alguma personalidade famosa - eu entendia que isso só acontecia porque eu não estava ali por puro e simples interesse. Eu estava de corpo e alma, querendo saber de verdade o que se passava na cabeça daquele outro ser humano.

Quando somos autênticos, uma verdadeira magia acontece. Não tememos, criamos a nossa própria regra de conduta e uma legião de pessoas alinhadas ao que somos se aproxima. É como se, finalmente, tivéssemos coragem de nos expor, mostrando o que pensamos e como agimos, sem temer retaliações.

CHAVE 13

Seja otimista

Figura inspiradora do capítulo:

Walt Disney

@patriciameirelles

Quem nunca se entusiasmou com uma obra de Walt Disney? Esse eterno otimista, criativo e inovador nos ensina que o otimismo é certamente um legado que cria impacto duradouro.

Conhecendo Walt Disney

Disney acreditava que a melhor maneira de motivar as pessoas é dando a elas algo em que acreditar.

Apesar de saber da importância do lucro para o sucesso do seu negócio, o foco não estava apenas em ganhar dinheiro. Ele queria mesmo entreter as pessoas. Fazê-las felizes sempre foi seu maior objetivo. Por isso, orientava os colaboradores a circularem pelo parque, para saber o que todo mundo achava da diversão.

Estratégico, ele baseou seus relacionamentos na confiança e procurou deixar claro o que tinha como missão e valores. Uma de suas frases mais incríveis é:

"Eu gosto do impossível, porque lá a concorrência é menor".

Líder e visionário, Walt Disney teve coragem de fazer o que fez e seguir adiante. Correndo perigo, mas acreditando em seus sonhos. Ele sabia que a aposta na magia, nas crianças, em acreditar e encantar, trazia sensações que despertam o melhor em nosso coração.

Sabendo que tinha a missão de liderar, ele dizia que, para não tornar as tarefas tediosas e confusas, fazia as pessoas gostarem das ideias que propunha. Assim, todo mundo sempre estava "a fim" de trabalhar por algo que ele criava. Disney também tinha por premissa sempre avaliar o próprio comportamento, antes de julgar o outro.

As chaves de Walt Disney para ser otimista

- Todos os nossos sonhos podem se realizar, se tivermos a coragem de persegui-los;
- Se você pode sonhar, pode fazer;
- A maneira de iniciar qualquer coisa é parar de falar e começar a fazer;
- Pense, acredite, sonhe e atreva-se;
- Um homem jamais deveria negligenciar sua família pelo trabalho.

Falas marcantes dessa figura inspiradora

> *Nós não fazemos filmes para ganhar dinheiro. Ganhamos dinheiro para fazer mais filmes.*

> *Na Disney, colaboradores são "membros do elenco" e clientes são 'convidados'. E convidados são pessoas com quem devemos nos relacionar 'cara a cara'.*

> *De todas as coisas que fiz, a mais importante foi coordenar as pessoas que trabalham comigo e seus esforços para alcançar nossos objetivos.*

> De todas as coisas que fiz, a mais importante foi coordenar as pessoas que trabalham comigo e seus esforços para alcançar nossos objetivos.

Walt Disney

Comportamento acima das intenções

Muitos líderes não enxergam que o dinheiro é apenas a recompensa por um trabalho bem-feito. E, dessa forma, acabam apenas correndo atrás do dinheiro, sem perceber que, se buscarem algo que os faça sentir paixão e se dedicarem com amor, aquilo dará certo.

Como estou sempre dando palestras sobre empreendedorismo, inteligência do coração, networking, muita gente me pergunta como engajar equipes. Acredito que o sucesso se alcança em conjunto, quando todos se sentem parte de algo maior. Eu sempre acreditei que a inteligência do coração é o que nos dá coragem para seguir. Uma conduta que também guiou a trajetória de Walt Disney.

Todo mundo sabe que o comportamento e as decisões de um líder servem de modelo para o comportamento e as decisões dos seus colaboradores. No entanto, poucos líderes se empenham em ser pessoas melhores.

Quando o coração é seu GPS, a vida fica muito mais simples. Você alcança um grau de espontaneidade maior, tem grande vontade de viver as coisas boas; de estar com pessoas que te fazem bem, de se divertir. Você coloca prazer na sua rotina.

Pare e reflita!

- Já avaliou se a sua vida tem sido uma odisseia de responsabilidades e checklists, ou se você está vivendo verdadeiramente?
- Já sabe se tem tido prazer na sua rotina?

Às vezes, colocamos tantas metas a longo prazo que nos esquecemos de viver o dia a dia, as coisas cotidianas.

CHAVE 14

Agir pelo coração

Figura inspiradora do capítulo:
Will Smith

@patriciameirelles

Na cerimônia do Oscar de 2022, uma cena pegou todos de surpresa. Will Smith subiu ao palco para estapear um ator que fez piada com relação à doença de sua esposa.

Isso logo antes de ser anunciado como melhor ator. O discurso de agradecimento pelo prêmio foi inflamado, falando sobre como o amor faz as pessoas cometerem loucuras. Era o que tinha acabado de acontecer com ele, ao defender a família com unhas e dentes na cerimônia mais assistida do mundo.

Como líder, ele demonstrou, naquele momento, ter uma qualidade vital para o ser humano: a capacidade de ser ele mesmo. "Sei o porquê fazemos o que fazemos. Temos que tolerar abusos, pessoas falando sobre você, desrespeitando você, e sorrir fingindo que está tudo bem", afirmou.

Conhecendo Will Smith

A fala trazia pistas sobre os motivos para a reação de Will, que muita gente não tinha entendido. Ele revidou como forma de dar vazão ao que estava entalado há anos e ia além do acontecimento daquela cerimônia.

Quem conhece a biografia do ator, sabe que ele sempre se considerou um covarde por não ter enfrentado o agressor de sua mãe — seu próprio pai. Sempre fugiu, com medo de enfrentar as situações. Mas naquele dia, enfrentou.

Will Smith também reconhece que a positividade o manteve em pé, mesmo diante de tantas adversidades. E daí seu desejo de colaborar com a transformação de outras pessoas, estimulando-as a olhar positivamente para a vida.

Diariamente, ele publica conteúdos motivacionais e inspiracionais em suas redes sociais, sabendo do impacto que causa. Ter esta consciência faz dele um homem com ações efetivas para construir um mundo melhor.

A história de superação de Will Smith sempre acompanhou sua trajetória no cinema. E você deve estar se perguntando "por qual motivo ele pode ser um exemplo na minha carreira e nos negócios?"

A verdade é que ele sempre escolheu seus papéis. Recusou trabalhos que não estavam alinhados com sua essência e sempre disse que, com essa atitude, se tornava um ser humano melhor, mais apaixonado pelo que faz, com foco e energia naquilo com que está comprometido.

As chaves de Will Smith para ser agir pelo coração

- Observe a si;
- Não seja covarde;
- Crie oportunidades para se reinventar;
- Inove sempre;
- Ouça as pessoas que ama;
- Faça tudo com paixão.

Sobre assumir e escolher a positividade

Ser positivo é um desafio diário. Lidamos com muitos obstáculos ao longo da vida e nem sempre conseguimos manter a postura de entusiasmo e motivação frente aos desafios que, muitas vezes, surgem repentinamente.

Além disso, inevitavelmente, acabamos convivendo com inúmeras pessoas e, nesse contato, nem sempre somos positivamente influenciados. Afinal, não podemos nos blindar de tudo. Por outro lado, também escolhemos quem desejamos ver com certa frequência. Ou seja, podemos selecionar com quem trocar energia.

No meu dia a dia, essa é uma escolha que faço de forma consciente. Preservo, ao meu lado, pessoas que me nutrem e apoiam, de todas as maneiras possíveis e, se estou com alguém que não fala nada bom, corto na hora. Da mesma forma, também sei o quanto é fundamental apoiar quem está ao meu lado.

Trata-se de uma questão muita séria quando entre em jogo o casamento, que Napoleon Hill considera o mais importante dentre os relacionamentos que fazem parte do que ele chama de mente mestra. - a aliança entre pessoas entrosadas em espírito de harmonia perfeita, que pode cooperar para a conquista de um propósito definido. Por isso, a relação de casal está entre as que devem ser absolutamente construtivas.

Abane as chamas

Como bem nos lembra uma das provocações de que mais gosto, por parte do filósofo Rumi, também sempre relembrada, com sensatez, por Will Smith: "esteja com quem abana suas chamas."

Uso esta frase, em muitas das minhas palestras, porque, para mim, ela sempre fez sentido. Estar com quem abana nossas chamas é vital para conseguirmos ir adiante e ser quem realmente somos.

No processo de crescimento humano, muitas vezes, somos tolhidos. Algumas pessoas ao nosso redor esperam que sejamos algo que não somos. E conforme vamos nos apropriando do nosso "eu", selecionamos as amizades, as pessoas a termos por perto, de forma a alimentar as chamas uns dos outros, para não haver descompasso nas relações.

Vejo, com frequência, pessoas que se dedicam além da conta à família, para ter reconhecimento e amor, porque não conseguem cortar laços e seguir adiante, sendo quem são.

É saudável ser quem você realmente é e isso só se torna possível entendendo que todos somos diferentes, mas podemos escolher aqueles que trilharão a caminhada conosco.

Pessoas que estão com quem apaga suas chamas geralmente não conseguem enxergar as próprias qualidades, por terem os defeitos apontados o tempo todo. E isso acaba as tornando incapazes de conquistas maiores. Afinal, quem não abana as chamas geralmente quer jogar areia nos seus planos.

Pare e reflita!

- Observe se as pessoas que cercam você estão alinhadas aos seus valores e princípios;
- Caso estejam, cuide para que elas fiquem por perto;
- Se não estiverem, procure entender que tipo de pessoas gostaria de ter ao seu redor.

Supere a si

Quantas vezes nos enganamos por dinheiro e nos envolvemos com projetos que não estão alinhados com a missão de vida?

Entender o propósito de estar em certo lugar, fazendo determinada coisa, é um dos fundamentos que nos aproxima da nossa essência. Trata-se da base para agir com o coração, na vida e nos negócios.

Dizer não quando seu coração quer dizer não e sim quando quer dizer sim é uma postura poderosa. Assim age quem sabe impor limites aos comportamentos abusivos que vêm de fora, criando condições para ser cada vez mais comprometido com o propósito de servir.

Algumas pessoas me perguntam:

— ***"Patricia, você está sempre bem! Como consegue?"***

A verdade é que eu não acordo assim todos os dias. É um treino mental. Eu me levanto, faço meditação, cuido da mente, do espírito, das emoções, do corpo. Não deixo a energia e a vibração baixarem. Quando noto que estou começando a mudar, já silencio e pergunto ao meu coração:

— ***"Do que você precisa?"***

Às vezes, a resposta é:

— ***"De uma gentileza consigo. Uma noite de repouso maior, uma brincadeira. Faça algo por você."***

A verdade é que podemos e devemos observar nosso estado mental e emocional o tempo todo. Precisamos nos ater a isso até mesmo para perceber quando estamos deixando o coração endurecer.

CHAVE 15

Excelência

Figura inspiradora do capítulo:
Edson Arantes do Nascimento (Pelé)

@patriciameirelles

Costumo dizer que sou uma Iron Mom. Cuido de quatro filhos, trabalho, estudo, administro a casa e ainda encontro tempo para cuidar de mim. Isso sempre buscando a excelência em tudo o que faço. Aqui em casa, essa é a palavra de ordem.

E se há alguém que simboliza a excelência em sua forma mais pura, esse alguém é Edson Arantes do Nascimento, o Pelé. Ao longo da minha vida, li inúmeras biografias inspiradoras, mas poucas me marcaram tanto quanto a dele. Pelé não era apenas um jogador excepcional. Ele não aceitava menos do que o melhor e, por isso, fez do próprio nome um sinônimo de excelência e se transformou no maior atleta de todos os tempos.

Tive a honra de conhecê-lo pessoalmente. Foi um momento que jamais esquecerei. Pelé foi uma das personalidades mais icônicas do mundo, admirado por líderes e multidões. Foi uma honra para mim intermediar o encontro entre ele e Barack Obama, quando o agora ex-presidente americano esteve no Brasil. Naquele momento, foi estabelecida a conexão entre um presidente e um rei — o Rei do Futebol.

Conhecendo Edson Arantes do Nascimento (Pelé) - o Rei do Futebol

Pelé foi muito mais do que um fenômeno nos gramados. Fora deles, era uma respeitada figura humanitária. Como Embaixador da Boa Vontade da ONU, dedicou-se a causas nobres, lutando pelos direitos das crianças e contra a fome. Sua excelência ia além dos gols e das taças. Ele era um homem de garra, honestidade e generosidade, movido pelo coração.

Pelé não foi apenas o maior jogador da história. Foi e sempre será o Rei do Futebol. Seu talento transformou a camisa do Brasil em um símbolo mundial.

Em 1970, ao conquistar a Copa do Mundo pela terceira vez, ele não apenas fez história, mas definiu o que é excelência. Mostrou que ser o melhor exige mais do que talento. É preciso dedicação, esforço e busca incansável pela perfeição. Dentro e fora dos gramados, ele era uma fera.

Graças a Pelé, o Brasil se tornou o país do futebol. Seu compromisso com a excelência fez dele um gênio do esporte. Ele costumava dizer:

"Se você fica em primeiro lugar, você é o maior. Se fica em segundo, você não é nada."

Os documentários sobre ele e sua vida provam que Pelé tinha uma incansável dedicação aos treinos. Ele não jogava futebol apenas. Era um atleta que respirava o esporte. Seu diferencial estava na busca constante pelo aprimoramento, pela superação, pelo melhor.

Quantas vezes, em nossas vidas, fazemos as coisas de qualquer jeito, sem a preocupação em oferecer o melhor? Com Pelé, isso nunca acontecia. Ele ensinou que a excelência não é um dom, mas uma decisão diária.

A história do Rei do Futebol mostra que ser excelente não se resume a ser o melhor tecnicamente. É preciso ser o mais sincero, o mais generoso, o mais dedicado, colocando a alma em tudo o que faz. A recompensa? Tornar-se inesquecível naquilo que ama.

Sucesso não vem por acaso

Pelé costumava dizer: "O sucesso não acontece por acaso. É trabalho duro, perseverança, aprendizado, estudo, sacrifício e, acima de tudo, amor pelo que você está fazendo ou aprendendo a fazer."

Ele viveu essa filosofia intensamente. Sua paixão pelo futebol e pelo povo brasileiro o levaram a abrir mão de muitos aspectos da vida pessoal, como forma de alcançar e honrar o patamar de grandeza ao qual o trabalho dedicado o conduziu. Sua jornada é prova de que a excelência exige sacrifício, comprometimento e humildade para aprender sempre.

O mundo dificilmente verá outro Pelé. Mas não precisamos ser lendas para atingir a excelência. Podemos, sim, nos tornar os melhores naquilo que fazemos, desde que nos dediquemos com amor e propósito.

Que o legado de Pelé nos inspire a viver com paixão, dedicação e, acima de tudo, excelência.

As chaves de Pelé para a excelência

- Seja obstinado: a excelência exige persistência;
- Dê o seu melhor em tudo: não aceite nada menos do que a sua melhor versão;
- Seja generoso: o verdadeiro sucesso vem quando você compartilha;
- Pense nas pessoas com o coração: o impacto que você causa nos outros define sua grandeza;
- Comprometa-se com a evolução: busque sempre aprender e aprimorar.

Falas marcantes dessa figura inspiradora

> ***O sucesso não acontece por acaso. É trabalho duro, perseverança, aprendizado, estudo, sacrifício e, acima de tudo, amor pelo que você está fazendo ou aprendendo a fazer.***

> ***Se você fica em primeiro lugar, você é o maior. Se fica em segundo, você não é nada.***

CHAVE 16

O diálogo

Figura inspiradora do capítulo:

Nelson Mandela

@patriciameirelles

Desde que comecei a carreira como empreendedora, descobri que saber ouvir atentamente e não apenas falar é um real fator de diferença. Saber escutar é uma habilidade rara, mas quem quer se sair bem nos negócios precisa aprender a deixar os outros falarem, não se portando como o porta-voz de tudo.

Vejo muitos empreendedores que têm dificuldade em deixar que as pessoas falem, sejam os sócios ou as equipes. São líderes autoritários, que comandam pelo medo e pela imposição de ideias, sem permitir que os outros tragam suas percepções e insights para a mesa de debates.

Conhecendo Nelson Mandela

Nesse aspecto, temos muito a aprender com Mandela, um dos líderes que mais modificaram o mundo com sua maneira de pensar e agir . Defendendo a resistência pacífica e o diálogo, sabia que liderar é conceder autonomia aos outros, sem medo de perder espaço.

Ele dizia que liderança significa colocar os outros na linha de frente, especialmente ao se comemorar a vitória. Para Mandela, um líder deveria se portar como um pastor. Uma atitude moldada por sua referência; o rei da tribo em que cresceu.

Quando o soberano fazia reuniões, os homens se reuniam em círculo e, só após todos terem falado, começava a falar. E Mandela fazia o mesmo. Ao final de suas reuniões, resumia todas as opiniões que ouvia e dirigia o encontro para onde pretendia chegar.

Sempre procurei observar os obstáculos de maneira positiva, percebendo neles um poder para encontrar novos rumos. E este era um trunfo de Mandela, um defensor da ideia de que ver os obstáculos de outra forma tira o poder negativo deles. Para o líder africano, qualquer pessoa poderia superar suas circunstâncias e alcançar o sucesso, com dedicação e amor pelo que faz.

E imagine a situação de alguém que passa 27 anos na prisão, em condições desfavoráveis, e permanece irretocável em sua índole, caráter e vontade de vencer. Assim agiu Nelson Mandela, sabendo que as circunstâncias a serem superadas nunca estão relacionadas a algo externo. São sempre internas. Foi um tempo em que ele continuou lutando em silêncio.

E depois desse longo desafio, ao se tornar presidente da África do Sul, Nelson Mandela criou um exército de pessoas pautadas em boas práticas. E sempre dizia que precisamos ir além do simples ato de viver. É a diferença que fazemos para os outros que determina o significado da vida. Era algo que ele praticava. Tanto que tenho na sua dedicação à sociedade uma grande lição de liderança para a minha vida.

Prova disso foi o memorável discurso que fez, logo após ser solto, de um imenso legado para todas as gerações. Depois, ainda ganhou o Nobel da Paz e homenagens no mundo todo, em razão de sua luta para extinguir o regime de segregação racial na África do Sul, a partir de princípios democráticos e igualitários.

As chaves de Nelson Mandela para o diálogo

- Não esqueça onde quer chegar;
- Nem todo conflito precisa ser violento;
- Ouça e dê voz a quem não tem o direito de falar;
- Seja habilidoso nas relações humanas;
- Mesmo que tudo esteja nublado lá fora, mantenha o coração limpo;
- Acredite na verdade e a persiga, custe o que custar;
- Pague o preço por aquilo que acredita.

Falas marcantes dessa figura inspiradora

> *Você pega a linha de frente quando há perigo. Então, as pessoas vão admirar sua liderança.*

> *O líder fica atrás do rebanho, deixando os mais ágeis saírem à frente. Os outros os seguem sem perceber que, o tempo todo, estão sendo dirigidos de trás.*

> *Dificuldades quebram alguns homens, mas fazem outros.*

> *Há poucos infortúnios neste mundo que você não pode transformar em um triunfo pessoal, se tiver vontade de ferro e habilidade necessária.*

> *Eu tenho um sonho e neste sonho todas as pessoas se levantarão e compreenderão que fomos feitos para viver como irmãos.*

Conexão entre pessoas é um dom

No processo de comunicação entre duas pessoas, a sutileza é algo que poucos experimentam. Muita gente acaba "lendo" o outro apenas através das palavras e não consegue estabelecer uma conexão mais profunda, sentindo a energia da pessoa, a expressão, tentando entender quais sentimentos o outro carrega para poder se conectar verdadeiramente.

Hoje, quando estou diante de alguém de qualquer classe, posição ou status social, tento enxergar a essência daquela pessoa, mesmo que ela tente escondê-la. Sentir o que o outro quer nos comunicar para além das palavras é bem mais efetivo do que apenas ouvir o que está sendo dito.

"Há poucos infortúnios neste mundo que você não pode transformar em um triunfo pessoal, se tiver vontade de ferro e habilidade necessária."

Nelson Mandela

@patriciameirelles

> Podemos mascarar as palavras, mas a energia nunca mente.

Porém, essa é uma habilidade que exige disposição para sentir o outro e também se expor. Sem que você comece se expondo, de maneira aberta e franca, dificilmente fica estabelecida uma relação de confiança, na qual a outra pessoa se deixa revelar.

Nessa era digital, a facilidade dos encontros virtuais torna uma raridade as pessoas dispostas a se conectar de verdade. Quando menciono a palavra conexão, não estou falando de um simples encontro em que duas pessoas habitam o mesmo espaço. Me refiro ao estabelecimento de relações valorosas, que geram trocas positivas, inteiras e efetivas.

É algo que envolve doação de energia, para que o outro saia daquela conversa melhor do que entrou, nutrido nos níveis energético e espiritual. Essa é a transformação que podemos gerar, a partir das verdadeiras interações.

> Hoje, acredito que só conseguimos nos conectar com o outro, de fato, quando respeitamos a nossa essência.

Por isso, antes de mais nada, é fundamental um trabalho interno. Não é possível enxergar o outro se você mal se enxerga, ou recorre a uma máscara, fingindo ser quem não é. No longo prazo, quando você se mostra diferente do que realmente é, a mentira não se sustenta. E imagine só o peso e a dificuldade de representar um papel todos os dias, quando você precisa se esforçar para ser alguém.

Movidas pelo desejo de impressionar através das redes sociais, muitas pessoas criam personagens e não mostram como verdadeiramente são. Querem parecer algo e não se importam em não ser, de fato, o que parecem para os outros.

Essa imagem fabricada até rende o status de celebridade, mas esconde um perigo. Quando o indivíduo não mostra quem realmente é, a queda pode ser violenta, porque estamos entrando na era da autenticidade e não vai mais existir esse jogo de duas caras.

É só sendo autêntico que você consegue perseguir com coragem o que parece impossível. Na dúvida, silencie tudo e siga a voz da essência, mesmo que o mundo todo diga que você é apenas um grande sonhador.

Posso garantir isso com todas as letras, não só porque conquistei praticamente todas as metas que pareciam inatingíveis. Eu também estive ao lado de grandes sonhadores que realizaram o improvável, conseguindo ir adiante mesmo quando o cenário parecia nebuloso.

Como diria Dalai Lama: "Pouco importa o julgamento dos outros. Os seres humanos são tão contraditórios que é impossível atender às suas demandas para satisfazê-los. Tenha em mente simplesmente ser autêntico e verdadeiro".

Supere as circunstâncias

Sempre acreditei nessa máxima, mas foi estudando a inteligência do coração que entendi como, de fato, a superação se realiza. Quando tomamos decisões a partir da coerência cardíaca - aquietando o caos mental e desabilitando a mente para emitir opiniões através do ego - conseguimos uma blindagem emocional e espiritual que nos deixa mais fortes para enfrentar qualquer nível de desafio.

Isso acontece porque deixamos os sentimentos trazerem respostas, através do instrumento da intuição. Então, o mundo apresentará desafios dos mais diversos — pandemias, crises, inflação, doenças, separações — mas nós estaremos com a mente quieta e o coração apto a seguir adiante.

Costumo dizer que só podemos ter essa blindagem empenhando esforços conscientes e diários. Meditação, exercícios de gratidão, exercícios para o corpo, mente e terapias são práticas que colaboram para termos mais compreensão quanto ao próprio universo emocional.

É uma postura da qual um líder não abre mão. Ele sabe que muitas pessoas dependem dele e, por isso mesmo, deve estar sempre buscando o equilíbrio interno para lidar com as agruras lá de fora.

Quando minhas filhas e depois de alguns anos meus filhos gêmeos nasceram, percebi que haveria desafios constantes para conciliar maternidade, carreira, vida pessoal e relacionamento, mas também entendi que não podia renunciar a mim. Se eu não estivesse bem, não poderia liderar uma família ou uma empresa. Não atingindo equilíbrio, como ajudaria alguém ou criaria meus quatro filhos?

Olhar para o outro

Voltando a falar de Nelson Mandela, o grande personagem deste capítulo, posso dizer que estudo a vida e a trajetória de líderes que me inspiram desde que comecei meu canal de empreendedorismo. E, na história de Mandela, o que mais me marcou foi a dedicação incansável que o acompanhou por toda a vida.

Esse grande inspirador para o mundo sabia servir, provando o contrário a muitas pessoas que pensam não ser esse o papel de um líder. Ele pensava como eu: servir é ter cuidado com as pessoas que nos cercam e a liderança exige essa competência.

> Uma preocupação fundamental com os outros em nossas vidas individuais e comunitárias ajudaria a tornar o mundo o lugar melhor com que tão apaixonadamente sonhamos.

Em todos os momentos, deveríamos pensar sobre como nossas ações afetam as pessoas que nos cercam. Um compromisso que fica ainda mais sério nos cargos de liderança. Uma pessoa que ocupa essa posição precisa de auto-observação, para entender se inspira com atitudes ou massacra com opiniões.

Esse olhar para si próprio auxilia também o desenvolvimento de outro fator elementar para aplicar inteligência do coração nos negócios. Me refiro a entender onde estamos e quem está ao nosso lado. Algo que faz parte da nossa luta.

O autor Robin Sharma, que cunhou o termo heartset — que achei incrível por estar totalmente alinhado com o que eu acreditava — afirma que pessoas marcantes para a história, tais como Nelson Mandela e Madre Teresa, só conseguem fazer isso porque vão além da configuração da mente. São figuras que se preocupam com a paixão pelo que almejam, com o bem-estar dos demais e com a inspiração pessoal.

Convivo com muitos empresários e empreendedores e posso afirmar com total segurança: quem faz a diferença está conectado com a força do coração. Há quem faça isso muito bem e, de quebra, marque a nossa vida.

Em todos os meus contatos e conexões profissionais, prezo por essa característica. Dá para saber quem está envolvido de coração e quem está apenas com a mente ligada no projeto. Até as culturas organizacionais das empresas acabam refletindo a existência, ou não, de um coração presente.

As empresas que pensam com o heartset têm uma cultura voltada para a colaboração, a linguagem utilizada está mais alinhada com o propósito e as trocas são justas, porque todos agem com empatia e solidariedade. Também fica perceptível a existência de princípios de liderança mais honestos. As pessoas são engajadas com sonhos e realizações. É uma dinâmica mais justa e participativa, que gera bem-estar coletivo.

Estar com a antena do coração ativada é viver num ambiente mais propício ao diálogo, à confiança, onde as pessoas falam sobre suas dificuldades e se ajudam mutuamente. É uma ressignificação do espaço de trabalho, que gera uma cultura com mais cuidado e menos competição entre as pessoas.

O convite que faço é para estarmos atentos às novas regras do jogo. As empresas empenhadas em contribuir, em fazer as pessoas crescerem profissional e emocionalmente, vão sair ganhando nessa nova lógica corporativa que está se delineando e não está alinhada ao que já vem sendo feito.

Será imprescindível pensar com o coração no ambiente de trabalho, o que exige reconhecer erros e sentir mais que racionalizar. Unir vai ter mais valor do que segregar. Esse é o futuro, quer você queira ou não.

Quando olhamos para tal fato, entendemos que somos feitos de energia. E que brilhar e viver de maneira fluida depende do nosso empenho em alinhar e ajustar sentimentos, pensamentos, ações, atitudes e confiança na vida.

Seja a luz que você busca para transformar o mundo.

CHAVE 17

Faça tudo com paixão

Figura inspiradora do capítulo:
Edu Lyra

@patriciameirelles

Conheci o Edu Lyra, um dos maiores empreendedores sociais do mundo, quando ele estava numa fase delicada e sem recursos para continuar a ONG Gerando Falcões. Precisávamos captar recursos. Organizei um jantar na minha casa, chamei alguns empresários e conseguimos arrecadar R$ 70 mil para que ele pudesse continuar com a ONG.

O fato é que depois disso, percebi o potencial do Edu. Todo mundo ajudou por perceber a entrega com paixão que ele tinha no que fazia. Ele gerava falcões e paixões.

Conhecendo Edu Lyra

Houve uma longa caminhada até que Edu se tornasse empreendedor social. Ele foi aos Estados Unidos arrecadar fundos que ajudassem a realizar os sonhos mais impossíveis.

O time da ONG que ele criou oferece emprego, esporte e cultura; quer mudar o destino de jovens que vivem nas comunidades pobres do Brasil. Já transformou a vida de milhares de pessoas e ele tem uma história muito particular com a pobreza.

É uma causa que mexe com a nova geração. Mandar a pobreza da favela para o museu é seu mantra. E ele só conseguiu tudo que realizou até hoje porque se conecta de verdade com as pessoas.

O Edu fala pelo coração.

As chaves de Edu Lyra para fazer tudo com paixão

- Não esqueça onde quer chegar;
- Nem todo conflito precisa ser violento;
- Ouça e dê voz a quem não tem o direito de falar;
- Seja habilidoso com as relações humanas;
- Mesmo que tudo esteja nublado lá fora, mantenha o coração limpo;
- Acredite na verdade e a persiga, custe o que custar;
- Pague o preço por aquilo que acredita.

Falas marcantes dessa figura inspiradora

> *Eu sempre quis mostrar para o jovem da favela que existem alternativas ao mundo do crime. Foi isso que a minha mãe sempre me ensinou.*

> *O nosso grande sonho grande é um dia colocar a miséria da favela no museu.*

> *Nós somos, possivelmente, a última geração que está sobre a face da terra com a oportunidade de mudar o destino da humanidade sob dois aspectos: social e ambiental. E a questão social, econômica e até de inteligência financeira, é um tabu. É um tremendo tabu você ir às camadas mais populares, em uma favela, e encontrar um morador que tem investimentos, que tem conta em uma instituição financeira.*

“ *A parte técnica disso não é onde sou o melhor do mundo. Mas posso dizer que, quando comecei, quando era solteiro, eu colocava o dinheiro na mão da minha mãe e ela botava na poupança. Depois que eu me casei, a minha esposa abriu uma conta em uma instituição do mercado financeiro e, a partir daí, a gente começou a botar algum dinheiro em diferentes tipos de investimentos, seja em algo mais conservador, seja em bolsa de valores, algo mais agressivo.*

“ *Elas [as empresas] têm muito poder econômico, político e intelectual acumulado e isso não pode ser negado. Uma vez que o poder econômico e o capital acumulam tanta capacidade de influência, a sociedade precisa evocar isso e usar para corrigir as desigualdades.*

“ *Temos que ter uma abordagem mais inteligente de como criar valor. Saber utilizar isso, poupar e fazer investimentos, para que a população mais pobre não fique refém de um político ou de um partido brasileiro.*

“ *Não importa da onde você vem e sim para onde você vai.*

Saiba onde quer chegar

De que forma uma pessoa consegue captar recursos com alguns dos maiores empreendedores do país, como Jorge Paulo Lemann, Carlos Wizard, Flavio Augusto, Guilherme Benchimol, Rubens Menin e André Gerdau?

Isso acontece com a Gerando Falcões, uma ONG que nasceu como um projeto para apoiar jovens na região em que o idealizador, Edu Lyra, cresceu, mas graças aos altos investimentos que recebeu — e ao conselho de Jorge Paulo Lemann, quando disse que Lyra precisava "sonhar grande" — hoje apoia outras ONGs atuantes nas favelas ao redor do país.

"O nosso grande sonho grande é um dia colocar a miséria da favela no museu.

Edu Lyra

@patriciameirelles

Quando Edu focou em desenvolver a gestão da instituição, trouxe o modelo Ambev para o mundo social. Todas as pessoas que colaboram com a organização possuem metas, avaliação por rendimento, bonificação e plano de carreira.

Ele sabe onde quer chegar. E a meta é ousada: levar os projetos sociais da ONG para 1.200 favelas brasileiras, num período de quatro anos.

Quebre tabus!

O fato é que tamanha ousadia acabou se transformando em reconhecimento. Edu Lyra foi considerado um dos mais influentes jovens empreendedores do País, segundo a revista Forbes de 2014. Isso além de ter sido eleito, pelo Fórum Econômico Mundial, um dos 15 jovens brasileiros que podem mudar o mundo.

Sua atuação social visa criar valor para o mundo e a sociedade. Uma vez que a ONG idealizada por ele cria valor, será, de alguma forma, remunerada. E aí vem o segundo desafio: fazer bom uso dessa remuneração, para gerar qualidade de vida.

"A minha cabeça é a de fazer uma boa gestão financeira." É a frase que Edu Lyra sempre diz em entrevistas. Quando menciona a existência de empresas cujo PIB é maior do que cidades e países, falando de grandes cifras, o idealizador da Gerando Falcões quebra um tabu. Para ele, o dinheiro não é nosso inimigo.

Como Lyra bem menciona, ter e poupar dinheiro é algo totalmente relacionado ao exercício da liberdade. Com recursos, uma pessoa por ir e vir, comer, optar por parar de trabalhar, continuar ou não atuando em determinada empresa, dar dignidade para a sua família. É um poder de escolha que depende do desenvolvimento de visão e inteligência financeiras.

CHAVE 18

Sabedoria e simplicidade

Figura inspiradora do capítulo:

Warren Buffett

@patriciameirelles

O nome Warren Buffett é símbolo de sucesso no mundo dos investimentos. Considerado o maior investidor de todos os tempos, ele acumulou uma fortuna gigantesca e influenciou gerações com sua visão estratégica. Mas o que mais me impressionou, ao conhecê-lo pessoalmente, não tem a ver com patrimônio ou conquistas financeiras. Eu fiquei encantada com sua leveza, simplicidade e alegria de viver.

Tive a honra não apenas de conhecê-lo, mas também de entrevistá-lo. E posso dizer, com toda a certeza, que poucas pessoas no mundo carregam uma energia tão serena e genuína. Buffett tem o brilho no olhar de quem realmente ama o que faz, de quem não se deixou aprisionar pelo dinheiro e desenvolveu sabedoria, criando valor para o mundo.

Conhecendo Warren Buffett - o Oráculo de Omaha

Buffett é conhecido como o Oráculo de Omaha, uma referência à cidade onde nasceu e vive até hoje. Enquanto muitos bilionários ostentam mansões extravagantes, ele optou por manter a mesma casa modesta que comprou em 1958. Na contramão das pessoas que enxergam a riqueza como um fim, Buffett a considera um meio, uma forma de investir, multiplicar e devolver à sociedade.

Seu segredo para o sucesso? Disciplina, paciência e pensamento de longo prazo. Buffett não segue modismos, não age por impulso. Ele investe no que realmente acredita, no que tem valor. Sua filosofia é simples:

"O mercado é um mecanismo para transferir dinheiro dos impacientes para os pacientes."

É um pensamento que se aplica não só às finanças, mas à vida. Os melhores resultados vêm para aqueles que sabem esperar, confiam no processo e tomam decisões com inteligência e coração.

Ricos são os que entendem o verdadeiro valor

Buffett tem um olhar afiado para negócios, mas seu verdadeiro diferencial sempre foi a sabedoria sobre o valor das coisas. Ele sabe que dinheiro é importante, mas que há coisas muito mais valiosas: tempo, relacionamentos, integridade, conhecimento e propósito.

Ele poderia comprar qualquer carro de luxo, mas dirige um modelo simples. Poderia jantar nos restaurantes mais caros do mundo, mas adora um hambúrguer e um refrigerante. Poderia viver cercado de seguranças e formalidades, mas prefere um ambiente descontraído, onde possa simplesmente ser quem é.

Seu jeito leve e bem-humorado ensina uma lição poderosa: sucesso não significa perder a essência. Muitas vezes, confundimos poder com arrogância e riqueza com ostentação. Mas Buffett prova que os verdadeiros gigantes são aqueles que permanecem humildes, acessíveis e generosos.

Ter conhecido e entrevistado Warren Buffett foi uma experiência transformadora. Mais do que um gênio das finanças, ele é um mestre da vida com propósito, leveza e inteligência do coração. Que possamos aprender com ele a buscar não apenas a riqueza material, mas a verdadeira riqueza: aquela que vem da sabedoria, da simplicidade e do amor pelo que fazemos.

As chaves de Warren Buffett para a sabedoria, a simplicidade e uma vida próspera

- Invista no longo prazo: não busque ganhos rápidos, mas construa algo sólido;
- Valorize a simplicidade: dinheiro é um meio, não um fim;
- Mantenha a integridade: sua reputação vale mais do que qualquer fortuna;
- Ame o que faz: o sucesso verdadeiro vem quando há paixão;
- Aprenda sempre: o conhecimento é o melhor investimento que existe.

Falas marcantes dessa figura inspiradora

Ao longo dos anos, Buffet compartilhou diversas reflexões sobre dinheiro, negócios e felicidade. Mas uma das suas frases que mais me marcou foi esta:

> ***Alguém está sentado hoje à sombra porque outra pessoa plantou uma árvore há muito tempo.***

Isso resume sua filosofia: o sucesso é construído com visão de futuro, paciência e dedicação. Não importa se estamos falando de investimentos, carreira ou vida pessoal: as grandes colheitas vêm para aqueles que sabem plantar com sabedoria.

CHAVE 19

Seja impetuoso

Figura inspiradora do capítulo:
Moisés

@patriciameirelles

Moisés é uma figura bíblica com enorme destaque, cujos gestos e palavras têm muito a ensinar. Falamos de um grande líder do povo judeu, que sempre mostrou como dificuldades faziam parte do processo evolutivo, mas, que mesmo com elas, deveríamos agir com ímpeto de mudança.

Moisés foi um homem de atitudes corretas durante toda a vida. Mesmo se deparando com obstáculos que pareciam intransponíveis, ele soube liderar um povo. Suas palavras sempre traziam fé e esperança para quem estivesse por perto.

Conhecendo Moisés

Durante toda a trajetória, esse grande líder sempre precisou reconhecer a mão de Deus em sua vida. Isso desde muito bebê, quando foi encontrado numa cesta por sua mãe adotiva, a filha do faraó. Está aí a razão de Moisés ter sido um homem de fé, com características de quem está disposto a servir, a conduzir um povo e a ser parte do projeto de Deus.

Falamos de alguém que foi além de encontrar respostas para si, tendo sido capaz de conduzir um povo e inspirar a partir de exemplos, palavras e atitudes. Aqui está a parte mais importante da história de Moisés. Persistente, ele caminhou com seu povo para a Terra Prometida e soube delegar quando foi preciso. Mediava disputas entre as pessoas e aconselhava outras lideranças.

Era um homem que não tinha medo da missão que Deus lhe entregou. Quando decidiu abandonar o Egito em direção à Terra Prometida, saiu da segurança do lugar-comum e, em meio ao deserto, buscou provar a própria fé, também reacendendo esse sentimento nos outros, a partir da prática de boas ações.

Firme em suas convicções, não admitia que ninguém duvidasse de si. E sempre acreditava que a força de Deus alimentaria seu povo. Moisés pensava que o dia deveria ser vivido sem a preocupação de como prover o dia seguinte. Ele nutria a fé viva dentro de cada uma das pessoas que o seguiam. Ao orientar uma nação a se mover, mostrou como podemos transpor montanhas que, no primeiro momento, parecem intransponíveis.

Sua história de liderança mostra como devemos ter firmeza nas decisões, ao seguir o que acreditamos e sentimos como a orientação divina quanto a melhor atitude tomar. É um caminho a percorrer com segurança, criando oportunidades para nós e para quem está ao nosso redor.

Capaz de incentivar as pessoas, Moisés dizia que devemos ser fortes e corajosos, sendo primeiro uma inspiração própria, para então inspirar os demais. Segundo ele, um líder não acumula poder, mas distribui bênçãos, com princípios claros para que todos cresçam.

As chaves de Moisés para ser impetuoso

- Ser forte e corajoso;
- Mudar o coração;
- Não abandonar os liderados;
- Estimular o próprio crescimento intelectual;
- Saber conduzir as pessoas;
- Falar o que precisa ser dito com firmeza e amor.

Sobre ser impetuoso

A impetuosidade, como uma linha de pensamento em que Moisés pode nos inspirar, diz respeito ao nosso comportamento diante das adversidades da vida. Todos encontramos problemas e desafios pelo caminho, mas cabe a cada um buscar soluções dentro de si para continuar a caminhada.

Lembro-me do que Gregg Braden contou, quando estive em seu curso presencial, sobre algo que ele viveu numa montanha do Tibete, quando encontrou o abade de um dos mosteiros que existem por lá.

— ***"Quando o senhor faz suas orações, o que está fazendo?"***

Foi o que ele perguntou ao homem que entoava cânticos durante quatorze horas por dia.

Para sua surpresa, a resposta foi:

— ***"Nossas orações não podem ser observadas, porque uma oração não pode ser vista. O observável é o que fazemos para criar o sentimento em nosso corpo. É o nosso sentimento que é a oração."***

Aquela frase ficou martelando na minha cabeça durante dias, mesmo após ter voltado ao Brasil. "Nosso sentimento é a nossa oração". Eu já sabia que sentir era a chave de tudo, mas também me perguntava sobre como agiam as pessoas cujas mentes estavam focadas em meditar e orar.

E essa foi a lição que Gregg me propôs naquele dia. A compreensão de que as emoções humanas afetam a essência da nossa realidade e de que a linguagem interior é a responsável pela mudança dos átomos, elétrons e fótons do mundo exterior.

No fundo, importam muito menos as palavras que dizemos do que o sentimento criado em nós. A linguagem que conversa com as forças do Universo é a linguagem da emoção.

Pare e reflita!

- Você assume a sua missão nesta vida?
- Se sintoniza com o que seu coração diz?

Humildade

Dizem que os verdadeiros líderes são escolhidos por Deus, e, ao serem chamados, questionam-se sobre estarem aptos a tal atribuição. Hoje em dia, vemos muitos gurus liderarem pessoas sem o mínimo de ética ou valores.

Portanto, tenha atenção. Um líder arrogante, que se acha melhor do que os outros, não inspira ninguém. Pelo contrário, apenas exibe, com base no ego, suas conquistas, mostrando como seria a vida ideal, sem trazer as pessoas para perto, sem colocar todos no mesmo patamar, como se fosse alguém especial.

O verdadeiro líder tem:

- Amor aos demais;
- Vivência espiritual;
- Senso de justiça;
- Humildade.

Acima de tudo, você deve ser líder de si mesmo. Ao observarmos os passos que estamos dando, precisamos ter autorresponsabilidade. Não há como conduzir pessoas se não sabemos nem para onde estamos indo; se não sabemos sequer liderar a nós mesmos.

Ser um líder de si é estar com as motivações certas, uma consequência natural da interiorização, da autorreflexão, de um "ouvir" treinado para escutar a inteligência do coração. Liderar a si é não se deixar abater pelo que vem de fora; é dirigir a própria vida e, dessa forma, conseguir observar tudo e todos com o olhar neutro, sem os filtros que colocamos — seja para melhorar as coisas ou para piorá-las. As coisas são como são.

Dessa forma, começamos a desenvolver compaixão por quem convive conosco. Passamos a entender a tempestade interna pela qual cada um passa, com as muitas decisões que precisamos tomar a cada dia, muitas vezes envolvendo risco e medo. A partir dessa compreensão, é possível ter calma e aceitação diante das crises dos outros. Todos buscam o autocontrole, mas nem sempre conseguem. É importante lembrar disso sempre.

CHAVE 20

Conheça sua verdadeira vontade

Figura inspiradora do capítulo:

Jesus

@patriciameirelles

Todas as escrituras sagradas dizem que nossa verdadeira vontade representa a manifestação do Cristo em nós. E cada um traz esta vontade de maneira diferente, por conta da individualidade.

Buscar a vontade divina em nós e viver de acordo com ela é um caminho para a realização, inclusive no campo profissional. Afinal, falar de carreira é falar de espiritualidade, porque a maior parte do nosso tempo é dedicada ao que nos remunera.

Logo, se estamos desconectados do que sabemos fazer, não conhecemos nossa verdadeira vontade. E esse processo de fazer todos os dias algo que nos desliga de nós, também nos desconecta de Deus.

Conhecendo Jesus

Jesus era um transmissor de Luz. Emanava uma energia tão pura que conseguia fazer milagres e curar pessoas. A aquisição de tamanha iluminação era associada a algumas práticas tidas como espirituais.

O grande ensinamento de Jesus foi viver em simplicidade. Ser quem somos da forma mais simples e essencial, sem tentar parecer algo. Falamos, sem dúvida, do maior líder que já existiu. Dois mil anos depois de sua morte, sua maneira de ser e agir permanece como inspiração para o mundo. Ele foi, sobretudo, um homem que falava o que pensava e sentia, agindo sempre a partir do coração, mesmo que isso desagradasse às autoridades.

Jesus dizia que sempre que observássemos insegurança, temor ou negatividade em alguma coisa, poderíamos mudar aquilo com o poder do pensamento e da palavra. E hoje em dia sabemos que o fluxo benéfico das afirmações positivas pode transformar tudo.

Jesus alcançou a supremacia espiritual e, através de seus atos, pensamentos e palavras, acionava poderes. As pessoas o consideravam um líder nato e ele foi o primeiro grande meditador de que temos conhecimento. Vivia num ritmo natural, tinha um estado de contemplação espiritual que lhe era particular e trazia, através de si, bênçãos para quem estivesse por perto.

Jesus ensinava que servir é uma prática espiritual que nos aproxima da divindade existente em nós. Também conceituou a fé como um poder da alma, dizendo que, se a tivéssemos, ainda que do tamanho de um grão de mostarda, diríamos a uma montanha para se mover de um lugar para outro, e assim aconteceria.

A vida urge e o movimento que devemos fazer é como o de Jesus, alertando sobre a importância do amor incondicional por nós mesmos e pelos outros. Fazendo com que todos tenham a segurança de ir adiante em seus caminhos e missões, trilhando com os pés firmes, mesmo que tudo lá fora pareça oscilar.

Jesus foi a figura que, historicamente, mudou o mundo através de seu amor, suas palavras, sua evolução e pela maneira de ser e agir em todos os lugares pelos quais passou.

Por isso, é um nome que inspira as pessoas religiosas e não religiosas mundo afora. Ter como referência alguém tão grandioso e inspirador sempre nos traz um norte, um farol a guiar a jornada.

Jesus não apenas ensinava, mas vivia suas orientações, exemplificando um jeito de ser sem egoísmo e maldade, pautado no amor ao próximo. Andava no meio de pessoas, curava, perdoava pecados e demonstrava misericórdia.

Ele dizia que pouco nos conhecemos. Por isso, não podemos ser nós mesmos e realizar plenamente aquilo que viemos fazer na Terra. Muitas vezes, tentamos ser outras pessoas, sem considerar aquilo que de fato queremos. E ainda que tenhamos consciência do que é valioso para nós, nem sempre vivemos a essência, por medo do julgamento, ou do que os outros possam pensar.

A nossa verdadeira vontade só nos é revelada no desejo do coração, onde residem nossas capacidades e talentos. Essa tarefa nem sempre é fácil, porém, brilhamos naturalmente ao fazê-la. Luz e escuridão fazem parte do nosso dia a dia e podem nos iluminar e libertar conforme o nosso estado de espírito, que oscila o tempo todo.

Existe uma transmissão de energia espiritual que se dá de pessoa para pessoa. Por isso, lembrar da luz divina que reside em nós é acender um potencial latente. E quanto mais honramos nosso potencial, fazendo aquilo que viemos para fazer, mais nos aproximamos dessa iluminação.

Ter consciência de quem somos é nosso ideal nobre.

As chaves de Jesus para conhecer a verdadeira vontade

- Amar a si;
- Todos os ensinamentos servem para todas as áreas da vida;
- Podemos ser humildes e perdoar uns aos outros;
- A felicidade é um estado de espírito.

Simplicidade: uma grande receita

Ser quem você é, esteja onde estiver, é uma chave espiritual. Respirar com leveza, se conectar com o Deus que existe dentro de você, entendendo que todos somos almas de luz, é um dos conceitos básicos para acessarmos a espiritualidade. Não é algo complexo.

Por sinal, é mais simples do que você imagina. Basta estar conectado com o coração, fazer o que nos desperta bem-estar, entendendo que tudo isso irá atrair uma avalanche de eventos positivos. Podemos ser a luz do mundo, deixando que nossa luz brilhe de dentro para fora, realizando tudo que é bom e fazendo nossas tarefas com amor.

Ter fé é importante para realizar tudo o que desejamos . Conhecer a mente e os próprios pensamentos nos traz capacidade de pensar com clareza e comunicar nossa inteligência para o mundo.

> A fé deve andar de mãos dadas com a esperança espiritual, porque, num ato mágico, não permite que a dúvida entre no coração ou na mente.

É através do nosso pensamento, dos sentimentos e das emoções que nos conectamos com as forças espirituais. Somos receptores, transmissores e geradores desta força.

Nosso desenvolvimento mental e espiritual só depende de nós. E muitas vezes deixamos a mente vagar por lugares desconhecidos e se perder. Os grandes conflitos internos acontecem quando oscilamos entre a autodestruição e a busca por uma vida alinhada ao nosso coração. Podemos escolher o caminho todo o tempo, nos elevando, ou ficando presos.

O horror que enfrentamos, quando estamos com medo, tem a ver com resistirmos ao despertar da consciência para algo mais elevado. Diante de tempos obscuros, é importante traçarmos metas que favoreçam a esperança na vida nova.

A ferramenta da meditação

Meditar é aquietar a mente para ouvir a voz do coração. É deixar o corpo repousar sobre o espírito para virem intuições, proteção, paz de espírito e coerência. Assim, tomamos as decisões necessárias, aquelas que não conseguimos tomar no dia a dia.

A prática da meditação nos conecta à essência, a partir da quietude e do silêncio. Desta forma, conseguimos gerar mais energia para nós mesmos, assim como luz e consciência sobre as nossas ações. Meditar nos leva a ter pensamento puro e discernimento entre o que é bom e ruim para o nosso caminho.

O servir como caminho

Liderança é servir à comunidade, à sociedade, às pessoas. Um líder sem disposição para servir está fadado ao fracasso em todas as áreas da vida.

Dar e receber são preceitos máximos presentes em praticamente todas as religiões e altamente positivos, por repercutirem no bem comum. É o extremo oposto do que ocorre quando seguimos outro caminho. Conter o fluxo das coisas, do dinheiro, da prosperidade, faz com que tudo fique ainda mais estagnado. Ou seja, exercer o servir é estar consciente da divindade existente em você.

A prática da fé

A fé é como uma asa que nos conduz às alturas e nos liberta da ignorância, das coisas materiais, do dia a dia, dos problemas que acreditamos ser insolúveis. A fé eleva nossa alma e nossa consciência. É uma alavanca de progresso, por reforçar a crença no poder de ir adiante, nos libertando das próprias prisões.

PALAVRAS FINAIS

Escrever este livro sobre as chaves da inteligência do coração para os negócios me fez perceber algo ainda maior: essas chaves não abrem apenas portas no mundo corporativo, mas em todas as áreas da vida. Elas nos convidam a viver com mais propósito, conexão e significado.

Finalizei essa obra em um momento mágico e inesquecível: à espera dos meus filhos gêmeos, José Victor e Gabriel. Uma bênção dupla que chegou justamente quando eu concluía meu segundo livro sobre inteligência do coração.

Coincidência ou sinal? Prefiro acreditar que a vida sempre nos presenteia com sinais quando estamos alinhados ao nosso propósito. A espera por eles foi um tempo de reflexão, renovação da fé e reafirmação do que realmente importa.

Deixo para você esse mesmo desejo. Espero que, independentemente dos desafios que surjam, você siga sempre na direção da luz, espalhando alegria, fé e atitude. Que sua jornada seja guiada pelo coração e que, com sua liderança, você ilumine o caminho daqueles que precisam de coragem, acolhimento e palavras que transformam.

Afinal, toda história tem o poder de guiar e inspirar. Que as lições e os líderes que compartilhei aqui sejam um farol em sua caminhada — nos negócios, na vida e na arte de liderar com o coração. Foi uma honra conduzi-lo por essas histórias grandiosas e inspiradoras.

O próximo capítulo pertence a você.
Escreva-o com amor, propósito e coragem.

Para conhecer os nossos próximos lançamentos
e títulos disponíveis, acesse:

Luz da Serra®
EDITORA

Luz da Serra Editora no **Instagram**

Luz da Serra Editora no **Facebook**

Selo MAP no **Instagram**

Selo MAP no **Facebook**

Loja Virtual

CITADEL
Grupo Editorial

Livros para mudar o mundo. O seu mundo.

Para conhecer os nossos próximos lançamentos
e títulos disponíveis, acesse:

www.citadel.com.br

/citadeleditora

@citadeleditora

@citadeleditora

Citadel – Grupo Editorial

Para mais informações ou dúvidas sobre a obra,
entre em contato conosco por email:

contato@citadel.com.br